人権、性の多様性、ジェンダー平等を柱に

包括的性教育

浅井春夫
Asai Haruo

大月書店

はじめに——性教育のさわやかな風を吹かそう

「包括的」性教育とは

本書の主題であり、書名でも打ち出している「性教育」には「包括的」という用語がついています。あまりなじみのない用語かもしれませんが、本書では、「包括的」を冠する意味と性教育をめぐる展望をさまざまな角度から論究してみたいと思います。そして、これからの性教育の本流は「包括的性教育」であることに確信を持って、研究と実践に向かっていくよう呼びかけるものです。

たしかに日本においては、包括的性教育はまだ主流とはいえないでしょう。しかし世界の動向はそれが本流であることを明示しています。包括的性教育が本流であるとは、国の政策もふくめて、実践現場において多数派（主流）とはいえない現状にあっても、そのめざしている理論と実践の中身が子ども・若者の人生に必要な本質的な目的に即していることをいいます。

包括的性教育とは何かについて、ポイントを述べておきます。大きく3つの柱があります。①乳幼児期から思春期、青年期、さらには成人期、高齢期まで、人生におけるさまざまな課題に向き合っているすべての人にとって学ぶ意義があること、②性的発達と人生の歩みにおけるあらゆる局面に、賢明な選択と対応ができ、自らと他者の尊厳を大切にできる知識・態度・スキルをはぐくむこと、③人間関係においてさまざまな共生能力を獲得し、喜びを共有できる能力を獲得していくこと、これらが柱となっています。

「包括的」の英語は、「comprehensive」で「広範囲の／多くのものを含む／包括的な、理解力が広範囲な／理解力のある」などの意味を持つ単語です。「包括的」とは「すべてをひっくるめた、全体をおおっている様子」を意味します。語源の一つは、ラテン語の「comprehendō（しっかりつかむ／理解する）」ということです。

「包括的に捉える」とは、「物事の全体を捉えること」を意味しています。「包括」は「複数の要素を包み込み、ひっくるめて、束ねてひとまとめにすること」をいいます。その意味する具体的中身を、本書では多角的に論じてみたいと思います。

では「総合的」とはどうちがうのでしょうか。「総合的」とは「個々の物事を一つにまとめるさま」「個々別々のものを一つに合わせてまとめること」をいいます。

general（総合的）、overall（全体的）、synthetic（統合的）などの英語も類語として使用されます。また「総合的」の英訳として「comprehensive」が使われることもあります。

また「ホリスティック」という用語が、WHO欧州地域事務所・ドイツ連邦健康啓発センター「ヨーロッパにおけるセクシュアリティ教育スタンダード」では用いられ強調されています。

ホリスティック（Holistic）という言葉は、ギリシャ語で「全体性」を意味する「ホロス（holos）」を語源としています。そこから派生した言葉には、whole（全体）、heal（癒す）、health（健康）、holy（聖なる）……などがあり、健康（health）という言葉自体がそもそも「全体」に根ざしているのです。「細分化された部分にとらわれず、ものごとを全体的にとらえるホリスティックな見方による教育を意味しています。〈つながり〉〈かかわり〉〈バランス〉〈リズム〉をキーワードにした、その考え方は、学校教育に限らず、さまざまな学びの場を含め、保育や看護といったケア・福祉の分野にも広がります」（日本ホリスティック教育協会　https://www.holistic-edu.org/）。

要約していえば、ホリスティック（Holistic）は個々の部分にとらわれずに全体としての関連性をもった捉え方に強調点があり、「包括的」（comprehensive）には広範囲の事項を関連づけて深く理解することに強調点があります。いずれも全体をまとめて捉える視点に共通の基盤があるといえます。

「国際セクシュアリティ教育ガイダンス（初版）」（２００９年公表、２０１０年公刊）は、国連合同エイズ計画（ＵＮＡＩＤＳ）、国連人口基金（ＵＮＦＰＡ）、国連児童基金（ＵＮＩＣＥＦ）、世界保健機関（ＷＨＯ）の協力のもと、国連教育科学文化機関・ユネスコ（ＵＮＥＳＣＯ）によって作成されました。改訂版（２０１８年1月公表）には先の5団体に国連女性機関（ＵＮ Ｗｏｍｅｎ）を加えて、9年の成果を踏まえ公表されたものです。改訂版の翻訳は、２０２０年8月に明石書店より出版されています。

性教育の基本的な方向性をまとめた文書には、このユネスコのガイダンスと、ＷＨＯ欧州地域事務所とドイツ連邦健康啓発センターが作成した先述の「ヨーロッパにおけるセクシュアリティ教育スタンダード」（以下、「ヨーロッパ・スタンダード」と略記。２０１０年発行）と、大きく2つあります。後者は、「ガイダンス」では対象とされていない乳幼児（０〜4歳）を視野においた性教育を構想している点でちがいがあります。

日本における性教育政策の問題

こうした世界の動向に対して、わが国における性教育政策には次のような問題があります。

第一は、「寝た子を起こす」論という虚構に依拠して政策がすすめられてきたことです。その柱は、①子どもは性に無知で白紙状態にあるという事実認識の欠如であり、②コンドームや避妊・中絶などのテーマを学べば性行動を誘発するという勝手な思い込みと非科学的な情報が大きく影響しており、③科学的な知識を学ぶことによって子ども・人間が賢明な性行動をとることへの不信感などによってつくられた事実誤認の〝論理〟となっています。さらに問題なことは、人権教育としての性教育が子ども・青年の自己決定能力をはぐくむことに対して、ひとつは、子どもたちをわがままにし〝権利だけを主張する人間〟を作り出しているというフェイク情報を意図的に流している動きがあることです。もうひとつは、教育現場で学習指導要領を守らないような教育実践を許さないという日本会議などの運動があることも指摘しておきます。そして政府・文部科学省が強引にすすめる「道徳」教育の目的と内容に真っ向から対抗するのが性教育であることを考えれば、今後とも攻撃の矛先となる可能性が高いといえます。

第二に、学習指導要領のいわゆる〝はどめ規定〟（学習指導要領の「内容の取扱い」において、当該内容を扱うことを前提にしたうえで、その扱い方を制限する規定を一般に〝はどめ規定〟と呼んでいる）の問題があります。〝はどめ規定〟が性教育に及ぼす否定的効果として、①性教育には〝やってはいけない〟公文書上の規定があるように思わせることで、多忙な現場であえて性教育の実践に踏みこむことを敬遠させる役割、②性教育実践では、「受精に至る過程」＝性交というテーマは性行動の一つの大切なプロセスですが、それをブラックボックス化することによって、必要不可欠な説明の手を縛る効果、③学習指導要領の〝はどめ規定〟が都道府県および区市町村段階での「性教育の手引」などに反映されることで、現場における性教育に制限が加わる、という状況が生じています。

北欧へ研修旅行をした際にスウェーデン性教育協会を訪問し、そこでの懇談の中で、日本の文部科学省の学習指導要領には、いわゆる〝はどめ規定〟が存在していることを話しました。それを聞いた同協会の理事の反応は、「授業で教えられた以上に、もっとすすんで勉強したら、算数でも理科でもがんばっているねと褒められるでしょ。どうして日本ではそれ以上は勉強するなというのでしょうね。不思議な国ですねえ……」というものでした。私は「本当におかしな国なんですよ」といったことを覚えています。

第三として、政府・文部科学省が性教育を必要な教科として位置づけようとしないばかりか、その内容がきわめて抑制的になっていることも深刻です。少なくない国が独立した教科として性教育を「生物」などの教科として位置づけて、すべての子どもたちの学ぶ権利を保障しようとしています。①学習指導要領、②国・都道府県・市町村の「性教育の手引」、③セクシュアリティに関する教科書、④学校を中心とした性教育カリキュラム・実践、という4点セットで性教育政策と実践のあり方が問われているのです。

第四は、「道徳」教育と性教育とは相いれない目的と内容があるということです。①教え込み主義VS学ぶプロセスの重視、②一つの結論に集約する学びVS多様な考え方を認めながらの学び、③結論に導くための誘導的指導VS自己決定権の尊重に基づいた教育、④抽象的な「いのちの教育」を軸に展開する学びVS具体的な「からだの教育」に基づいた実感をともなった学び、などのちがいがあります。

道徳教育を推進する文部科学省にとって、性教育の学びの目的と内容・方法が拠って立つ子ども・人間像は相いれないものになっています。この点は、本書で詳しく述べる予定です。

第五として、日本会議のメンバーである国会議員および宗教団体の共同戦線は、国家の求める人間像に収斂《しゅうれん》する教育と「人間形成」のあり方をめざしており、一人ひとりのしあわせを追究する性教育の学びとは大きく隔たっています。国家の強い力があってこそ国民を守れるのであり、そのためには国民は国に協力することが必要であるという自民党の憲法改正草案（２０１２年4月27日決定）の考え方に対して、現行憲法は一人ひとりのしあわせが束になって国のしあわせがあるという考え方といえます。性教育は後者のスタンスに立ち、人間と国の関係を捉える教育実践になっています。

各章の簡単な紹介

全体で7つの章と2つの補足資料で構成しています。どこから読んでいただいてもいいのですが、全体を読みすすめるうえでは、できれば第1章から読んでいただくほうがいいと思います。ちょっとしんどいなと感じられたら、最後の第7章から読むと、ウォーミングアップになるかもしれません。

第1章「性教育の新しい時代を拓く国際的スタンダード」は、9年前に刊行された「国際セクシュアリティ教育ガイダンス」（以下、「ガイダンス」）の初版（２００９年）および改訂版（２０１８年）の内容を概説しています。この9年でどのように中身が発展したのか、ポイントを整理しています。改訂版の翻訳が明石書店から出版されていますので、あわせて読んでいただければと願います。

第2章「性教育におけるテーマ主義と課題主義」は、これまでの性教育が年齢に即してテーマを配置するという性教育プログラムが行われてきたのに対して、「ガイダンス」（初版および改訂版）では、発達における課題や人生の成長過程で直面する課題（解決しなければならない問題）を踏まえて、何を学ぶことが必要であるかを意識的に追究する実践とプログラムの考え方に立っています。課題主義こそが子どもや社会の現実を踏まえて性教育をすすめるスタンスであり、国際的スタンダードの視点ということを見ていきます。

第3章「〝青少年の性〟はどう捉えられてきたか」では戦後の性教育政策の歩みを概説し、「寝た子を起こす」論が今日までの性教育政策の根底にあることで、現場の性教育実践を抑制してきた現状を明らかにしています。そうした現状を考えても、「ガイダンス」は性教育を飛躍的に発展させるために必要であり、わが国のスタンダード（標準）にしていく必要を提示しています。

第4章「乳幼児期に包括的性教育をすすめる」では、「ガイダンス」で明示されていな乳幼児期の性教育における課題を取り上げてみました。「ガイダンス」には4つの年齢区分があり、最も低年齢なのが5～8歳で、0～4歳の学習目標は示されていません。おそらく世界各国で保育や幼児教育の制度が大きくちがっていることに起因していると思われます。その点で、本章はガイダンスを補足するチャレンジの章でもあります。

第5章「学校教育の現場で包括的性教育をすすめる」は、学校での性教育の出発点となる子どもたちの性意識・性行動の現状を統計的に把握したうえで、性教育政策と性教育への偏見が足かせになっていることを論じています。性教育政策によってフェイク情報が発信される中で、性教育の理論的発展方向の3要素を提示し、包括的性教育の方向への転換を提起しています。

第6章「包括的性教育の立場で『性教育の手引』を発展させる」では、東京都教育委員会編「性教育の手引」の問題点を詳細に分析し、〝はどめ規定〟の文字は記述されていないものの、実際には必要な課題を性教育で取り上げさせないための〝はどめ措置〟として学校現場を管理するしくみを確保していると厳しく指摘しました。〝はどめ措置〟への対抗のあり方についても率直に提起しています。このような「性教育の手引」を各道府県の教育委員会が下敷きにするのではなく、子どもたちの事実・現実・真実から出発した「性教育の手引」づくりに着手し、現場を応援する「手引」を作成してくださることを願っています。

第7章「性教育をすすめるとき、すすむとき、そして立ち止まるとき」は、いわば性教育実践者としての教員の発達論としてのヒントとなることを願って書いたものです。日本ではこれまで、性教育を発展させていく条件が十全に保障された時代はありませんでした。それでも子どもたちのことを想い、努力を重ねてきた先輩と仲間たちに学び、この時代に性教育をすすめていくことをめざしたいものです。

【補足資料①】では、スウェーデンとともに世界の性教育をリードしてきたアメリカ性情報・性教育協議会の提示している「性的に健康なおとなとは」を紹介しています。性教育の求める人間像（目的論）をあらためて考えてみたいものです。【補足資料②】では、性教育の基本である「からだ学習」を、乳幼児の性教育においてもすすめていくために、10のポイントを整理しました。

第Ⅰ部 包括的性教育とは何か

第1章　性教育の新しい時代を拓く国際的スタンダード
――「国際セクシュアリティ教育ガイダンス」初版から改訂版へ

第1章では、性教育の国際的スタンダードである「国際セクシュアリティ教育ガイダンス」初版（2009年。以下、「ガイダンス（初版）」と略記）と「改訂版 国際セクシュアリティ教育ガイダンス」（2018年1月。以下、「改訂版ガイダンス」と略記）の内容と基本的なスタンスを解説することにします。初版から改訂版へと発展した約9年の歩みと特徴を整理し、第2章以降の内容を読んでいただく前提として、包括的性教育の基本的な到達点を確認しておきたいと思います。

1　「ガイダンス（初版）」の意義・目的・基本的スタンス

世界の性教育のとりくみと英知を結集

２００９年1月に公表された「国際セクシュアリティ教育ガイダンス（初版）」(International Technical Guidance on Sexuality Education An evidence-informed approach for schools, teachers and health educators) は、これまでの世界のとりくみと英知を結集してまとめられた性教育の基本課題と具体的な実践方向を明示した手引書であり、性教育をすすめていくうえでの世界のスタンダード（標準――判断のよりどころや行動の目安となるもの）として位置づけられるものです。

これまでの世界の性教育の実践と研究は、１９３３年にエリーゼ・オットセン‐イェンセンによって創設されたスウェーデン性教育協会や、１９６４年に設立された「アメリカ性情報・性教育評議会」(SIECUS：Sexuality Information and Education Council of the United States) などによってリードされてきました。ＳＩＥＣＵＳの創始者であるＬ・Ａ・カーケンダールは、「セックスとは身体部分やそれにかかわる行動の総称として考えてきたが、セクシュアリティとは人格と人格との触れ合いのすべてを包含するような幅の広い性概念で、人間の身体の一部としての性器や性行動のほか、他人との人間的なつながりや愛情、友情、思いやり、包容力など、およそ人間関係における社会的、心理的側面やその背景にある生育環境などもすべて含まれる」と述べています。また、同じくSＩＥＣＵＳの創始者の一人であるＭ・カルデロンは、「セックスとは両脚の間（性器）にあるものだが、セクシュアリティとは両耳の間（脳）にあるものだ」と説明しています（『幼稚園（保育所）／小学校／中学校／高等学校 性教育 新・指導要項解説書』財団法人日本性教育協会編、小学館、１９９０年、53頁）。「人間の性」をセクシュアリティという広い概念で捉えることで、ＳＩＥＣＵＳが提起した「包括的性教育ガイドライン」(Guidelines for Comprehensive Sexuality Education) の方向に沿った内容が形成されてきました。

本書の「はじめに」でも述べたように、「ガイダンス〈初版〉」は、国連教育科学文化機関・ユネスコ〈ＵＮＥＳＣＯ〉、国連合同エイズ計画〈ＵＮＡＩＤＳ〉、国連人口基金〈ＵＮＦＰＡ〉、世界保健機関〈ＷＨＯ〉、国連児童基金・ユニセフ〈ＵＮＩＣＥＦ〉が協働してとりまとめたことからわかるように、国連がこのテーマを優先的に位置づけて、世界に発信したことを意味しています。

「２００８年世界エイズ報告書」は、15～24歳の若者のうち、ＨＩＶと感染についての正確な知識を持っていたのは40％にすぎないと報告し、新たにＨＩＶに感染した人々のうち45％が15～24歳の若者層であって、性的健康に関する知識を獲得することがいっそう必要になっていると警鐘を鳴らしてきたのです。ＨＩＶ／ＡＩＤＳの拡大に対して、世界がその克服のためのとりくみを求められている中で、「ガイダンス〈初版〉」はセクシュアリティや人間関係などについて子ども・若者と議論をはぐくむための基本的な方向を提示しました。主体的に責任を持って何を伝えていくのかを検討するときに、「ガイダンス〈初版〉」を活用することが各国政府・関係省庁に問われていると強調しています。そして同時に、子ども・若者のセクシュアリティの形成とその発達のために「先導し思い切った措置と準備をする特別な責任」を果たすよう政策立案者に強く求めているのです。

セクシュアリティ教育の基本方向は、①子どもの性的発達と知的要求や疑問に即して、②それぞれの社会の性情報の量と質、社会環境の実際を踏まえて、③子どもの性的自己決定能力をはぐくむことと性的人権を保障するとりくみとして、④研究的実践と実践的研究を通して、自由闊達な実践を創造していくことをめざしており、そのためには⑤国・自治体・教育行政は現場の実践がやりやすいようにバックアップしていくという役割を果たし、さらに⑥実践の内容を検証し創造していくことに、教員だけでなく保護者や子ども自身も参加していくシステムを大事にしていること、などがあげられます。

こうした世界の動向と「ガイダンス（初版）」が示している方向に対して、各国政府がどのような姿勢をとるのかが問われているのです。

なお、ここでは「性教育」ではなく、「セクシュアリティ教育」という用語を使用しています。性教育の意義と内容が狭く捉えられる傾向がある、あるいは意図的に偏見を増幅し攻撃の対象としようとするグループなどがある中で、包括的な概念である「セクシュアリティ」を使用することにしました。つまり、ここで使用する「セクシュアリティ教育」という用語は、「包括的性教育」のことをさしています。

「ガイダンス（初版）」の基本的スタンス

「ガイダンス（初版）」第Ⅰ部では、セクシュアリティ教育の必要性とめざすべき基本方向に関する論理的根拠を紹介し、効果的プログラムの特徴と実践上のポイントを示しています。そのうえで第Ⅱ部では、５～18歳の子どもと若者を対象とした基本的なセクシュアリティ教育の年齢段階ごとのテーマと学習課題が整理し提示されており、参考文献なども紹介されています。

「ガイダンス（初版）」全体の基本的スタンスと特徴を整理しておきますと、その第一は、繰り返しになりますが、現代社会におけるセクシュアリティや人間関係をめぐる諸課題、とりわけＨＩＶ／ＡＩＤＳが蔓延する世界の現実に挑戦する国際的な英知を結集した基本文書となるものです。セクシュアリティ教育を、ＨＩＶ流行の国々の中で「国家の必要不可欠なとりくみ（応答）」（an integral part of the national response）のひとつとするために、「ガイダンス（初版）」を活用することが「改訂版ガイダンス」が刊行されるまで求められてきました。その意味で「ガイダンス（初版）」は、各国政府に対してのみならず、子ども・若者に関わる教員・専門職の人々に対して実践的な挑戦を呼びかけた報告書といえます。

第二は、「テーマ主義」から「課題主義」への転換が大きな特徴です。これまでのわが国の性教育もそうですが、性教育のテーマを年齢段階に即して提示したカリキュラムとなっており、それはいわばテーマ主義ともいえる組み立てでした。これに対して「ガイダンス（初版）」では、それぞれの主題と年齢に即して、獲得すべき課題が具体的に提示されています。それを踏まえて、各国の各地域と現場で、子ども・若者の実際に即して、セクシュアリティ教育を創造していくことが政策決定者や教育実践者に求められているのです。ちなみに課題主義は、先に紹介したアメリカ性情報・性教育協議会（ＳＩＥＣＵＳ）の「包括的性教育ガイドライン」を踏まえて発展させたものでもあります。

第三に、子ども・若者の性的自己決定能力をはぐくむために、知識とスキルが提供されることを具体的に提起しています。それは一部の政治的な動きとも連動している禁欲強制教育では、人生のあらゆる段階と場面に対応できていない現実に対抗する「ガイダンス（初版）」の基本的スタンスであるといえます。

第四に、子ども、女性、マイノリティの人々が性的人権の保障とセクシュアリティ教育から排除されている現実を踏まえて、年齢・階層・性別・障がい・性的指向などにかかわらず、すべての子ども・若者に提供することを明確に求めていることも「ガイダンス（初版）」の重要な特徴です。

第五として、「ガイダンス（初版）」の内容は、基本的に教育と健康部門の政策立案者と専門職に向けて提示されています。性的にアクティブになる以前およびアクティブになっている子どもと若者に対して有効な影響を与えるためには、「ガイダンス（初版）」が提示するセクシュアリティ教育を実施できる、トレーニングを受けた教員と健康教育の専門職者が、公的な学校カリキュラムの中で実践に挑戦することが求められているのです。

2　セクシュアリティ教育の価値、目的、具体的構想

セクシュアリティ教育はなぜ必要か

セクシュアリティとは、人間のライフサイクルを通して、その人の人格的な基本要素といえるものであり、身体的、心理的、精神的、社会的、経済的、政治的、文化的な側面を持っています。セクシュアリティという対象を踏まえた包括的な教育実践が求められることになり、さまざまな課題とテーマを見据えた体系的なカリキュラムが必要とされたのでした。

とくにセクシュアリティの骨格に息づくのは、多様性の理念と実際です。「多様性は、セクシュアリティの基本である」ことを「ガイダンス（初版）」は強調をしています（ユネスコ編／浅井春夫・良香織・田代美江子・渡辺大輔訳『国際セクシュアリティ教育ガイダンス』明石書店、２０１７年、16頁。原著は２００９年公表）。

また「性的生活のための十分な準備をする若者はほとんどいない」（翻訳書、16頁）ことを指摘してい

ます。子ども・若者たちは、性的虐待や性的搾取（性買売）、予期しない妊娠、ＨＩＶを含む性感染症などのリスクにさらされやすく、セクシュアリティやジェンダーの混乱したメッセージを浴びている国際的な現状に着目しています。さらにＨＩＶ感染を防止する適切な方法と知識の乏しい若者（15～24歳）が60％という状況の深刻さにもかかわらず、保護者や教員をふくむおとなたちはそれらのメッセージに対峙できないでいる現実を憂えています。そうした若者の危機的状況を踏まえて、「ガイダンス（初版）」が発信されたのです。

「ガイダンス（初版）」は「人間の性的発達（Sexual development）は、物理的、心理的、情緒的、社会的、文化的側面を含んだプロセス」であり、セクシュアリティ教育が性的行動に与える影響に関して、２００８年の時点での12の専門誌を文献レビュー（87件の調査研究の結果）しています。その結果、「初めての性交」を「遅らせた」37％、「有意の影響なし」63％となっており、「早めた」という結論を導き出した調査研究は皆無となっています（翻訳書、42～43頁。本書**図表1-1**）。

「子どもへの性教育は性交時期を早め、性行動の活発化につながることになる」という、いわゆる「寝た子を起こす」論は、こうしたレビューを踏まえてみても、まったく事実に反した懸念であり、思い込みともいえる誤謬《ごびゅう》なのです。

国際セクシュアリティ教育ガイダンス
――教育・福祉・医療・保健現場で活かすために

ユネスコ 編
浅井春夫・艮香織・
田代美江子・渡辺大輔 訳
明石書店
2017年

図表1-1　性的行動への影響を証明しているセクシュアリティ教育プログラム

		開発途上国（N=29）	アメリカ（N=47）	他の先進国（N=11）	すべての国（N=87）	
初めての性交	遅らせた	6	15	2	23	37%
	有意の影響なし	16	17	7	40	63%
	早めた	0	0	0	0	0%

図表1-2　国際セクシュアリティ教育ガイダンス（初版）の基本的構想と内容項目

基本的構想１ 人間関係	基本的構想２ 価値観、態度、スキル	基本的構想３ 文化、社会、人権
内容項目 1.1　家族 1.2　友情、愛情、人間関係 1.3　寛容と敬意 1.4　長期的な責任ある関係、結婚、育児	内容項目 2.1　価値観、態度、性に関する学習の情報源 2.2　性的行動における規範や仲間の影響 2.3　意思決定 2.4　コミュニケーション、拒絶、交渉スキル 2.5　援助と支援を見つける	内容項目 3.1　セクシュアリティ、文化、人権 3.2　セクシュアリティとメディア 3.3　ジェンダーの社会的構造 3.4　性的虐待、搾取、有害な慣習等を含むジェンダーに基づいた暴力
基本的構想４ 人間の発達	**基本的構想５ 性的行動**	**基本的構想６ 性と生殖に関する健康**
内容項目 4.1　性と生殖の解剖学と生理学 4.2　生殖 4.3　前期思春期 4.4　からだ（body）イメージ 4.5　プライバシーとからだの尊厳	内容項目 5.1　セックス、セクシュアリティ、生涯にわたる性 5.2　性的行動と性的反応	内容項目 6.1　避妊 6.2　HIV を含む性感染症のリスクを理解、認識して低減させる 6.3　HIV/AIDS についてのスティグマ、ケア、治療と支援

図表1-2は、「ガイダンス（初版）」の骨格を一覧にしたものであり、カリキュラム開発のための包括的な「メニュー一覧」として使えるように、内容項目と学習目標をまとめたものです。これらの内容項目と学習目標は、行動を変化させる効果があることが実証された教育課程、および実際の教育現場における経験に基づいて設定されています。

「ガイダンス（初版）」の構成は、まず「人間関係」という具体的な生活レベルの身近な性に関わる問題から出発しており、そこから性・セクシュアリティに焦点を当てていきながら、「性的行動」「性と生殖に関する健康」へと具体的に展開されます。

基本的構想（改訂版では「キーコンセプト」の訳語表記を使用。Key Concept）の柱は、①人間関係、②価値観、態度、スキル、③文化、社会、人権、④人間の発達、⑤性的行動、⑥性と生殖に関する健康となっており、年齢区分（Age range）は、レベル1（5～8歳）、レベル2（9～12歳）、レベル3（12～15歳）、レベル4（15～18歳）としています。年齢別の課題を明示しており、わが国の学校制度を踏まえても、参考とすべき内容となっています。

セクシュアリティ教育の目的

セクシュアリティ教育の目的の第一に、「子どもや若者が、性的・社会的関係について責任ある選択ができる知識・スキル・価値観を身につける」（翻訳書、19頁）ことがあげられています。そのためには以下のような「いくつかの補強しあう目的」を持っていることが提起されています（同19～20頁）。

・知識と理解を増進すること
・感情、価値観や態度について説明し明らかにすること
・スキルを発達させ強化すること
・リスクを小さくするための行動を促進し、それを継続させること

それらを踏まえて、「ガイダンス（初版）」の目的を次のように提示しています。

・性と生殖の健康問題に対する理解や関心を喚起することによって、セクシュアリティ教育プログラムの必要性に対する理解を高めること
・セクシュアリティ教育の内容構成とその目的、成果の可能性についての明確な理解を提供すること
・学校と地域レベルで、セクシュアリティ教育のための支援を構築する方法についてのガイダンスを教育機関に対して提供すること
・教師の準備体制を構築し、質のよいセクシュアリティ教育を提供するための制度的機能を高めること
・それぞれの文化と発達段階に即したセクシュアリティ教育のプログラムと教材開発の方法についての指針を提供すること

「ガイダンス（初版）」では、性的選択・自己決定能力の柱として「知識・スキル・価値観」の柱をあげています（後述する「改訂版ガイダンス」では「知識・態度・スキル」を柱にあげています）。さらに今後の

課題として、セクシュアリティ教育の「評価研究」に関して提起されていることも紹介しておくことにします（翻訳書、80～81頁）。

「評価されるプログラムに必要な事項」として、a カリキュラムもしくはグループを基盤にした性感染症、HIV、セックス、関係性の教育プログラム、b 性的行動に焦点をあてて、c アメリカ国外の24歳までの、またアメリカの周辺と中にいる18歳までの子ども・若者に焦点を当てて、d 世界中のすべての場所で実行されること、などがあげられています。

「リサーチ方法に必要な事柄」では、a 調和した介入と比較グループと両者の事前テストと事後テストデータの収集に関すること、b 100のサンプルを持つこと、c 性的行動について、一つ以上のプログラムの影響、d 少なくとも、3か月間で急激に変化する行動についての影響を計測し、少なくとも6か月間でより少なく急激に変化する行動やその結果の影響を計測すること、などがあげられています。

わが国の教育実践研究のあり方としても、正面から受け止めるべき提起です。

具体的構想としての「ガイダンス（初版）」

「ガイダンス（初版）」第Ⅱ部の具体的な内容は、内容項目と学習テーマについて年齢の縦軸とテーマ（学習すべき課題）の横軸が有機的に設定されています。レベル4（15～18歳）について抜粋して紹介しましょう。

ガイダンス　第Ⅱ部　内容項目と学習目標：レベル４（15～18歳）

基本的構想１――人間関係

1・3　寛容と敬意

学習目標：「差異」があると認識される人々に対する差別に立ち向かうことがなぜ重要かについて説明する。

重要となる考え方：差別は、個人、コミュニティ、社会に否定的な影響を及ぼす。

基本的構想２――価値観、態度、スキル

2・4　コミュニケーション、拒絶、交渉スキル

重要となる考え方：互いの合意に基づいた安全な性交は、効果的なコミュニケーションのスキルを必要とする。

・自己主張と交渉のスキルは、望ましくない性的圧力に抵抗したり、より安全な性交を実践する意志を強化するのに役立ちうる。

基本的構想３――文化、社会、人権

3・4　性的虐待、搾取、有害な慣習等を含むジェンダーに基づいた暴力

学習目標：性別役割のステレオタイプと不平等、有害な慣行、ジェンダーを理由とした暴力の撤廃・廃絶を求めて意見を主張できる能力を例示する。

基本的構想４――人間の発達

4・2　生殖

学習目標：生殖、性的機能、性的欲求の違いを区別する。

重要となる考え方：パートナーとの性的な関係において、双方の合意は、必ず要求されるものである。

・性に関する意思決定において、意図しない妊娠や性感染症を予防するためのリスクを減らす方法について事前に考慮することが必要である。

4・4　からだ（body）イメージ

学習目標：特定の文化的・性別役割のステレオタイプと、それらが人やその関係にどのように影響するかを確認する。

重要となる考え方：人が自らのからだについて抱くイメージは自己評価、意思決定や行動に影響を与えうる。

基本的構想5——性的行動

5・1　セックス、セクシュアリティ、生涯にわたる性

重要となる考え方：セクシュアリティは敬意が表されれば、その人の幸福を高めうる。

5・2　性的行動と性的反応

学習目標：性的な喜びと責任の主な要素について明確にする。

重要となる考え方：性的行動の結果は現実的であり、それに関連する責任を伴う。

・よいコミュニケーションは性的関係の質を高めることができる。

・性的関係にあるパートナー双方が、意図しない妊娠、ＨＩＶを含む性感染症を予防する責任を持つ。

基本的構想６――性と生殖に関する健康

6・1　避妊

学習目標：利用可能な避妊方法の、個人にとっての利点や起こり得るリスクを説明する。さまざまな避妊方法に対する議論や、その使用における信頼度を示す。

6・2　ＨＩＶを含む性感染症のリスクを理解、認識して低減させる

重要となる考え方：性的に活発な人たちの間で、最も適切なリスク低減戦略の選択の決定は、自らの自己効力感（self-efficacy）、認識された脆弱性、性的役割、文化、仲間の規範によってしばしば影響される。

・コミュニケーション、交渉、拒絶のスキルは、若者たちが望まない性的プレッシャーに抵抗したり、コンドームと避妊具を正しく、常に使用することを含む、より安全なセックスを実践する意志を強化したりすることの手助けとなりうる。

以上のように、年齢に応じて学習目標を設定し、性的発達の各段階の課題を明確にしており、さまざまな局面に対応できるための「知識・スキル・価値観」が提起されています。後述する「改訂版ガイダンス」では「知識・態度・スキル」として再整理しています。

「ガイダンス（初版）」を概観すると、世界に対して提起されたセクシュアリティ教育のプログラム体系であり、この提起を受け止めて教育・保健などの現場で活用するかどうかは、各国政府の考え方や姿勢に委ねられるものではなく、子ども・若者に対して果たすべき責任として位置づけられていることが重要です。同時に、子ども・若者の現実に応じて、現場で「ガイダンス（初版）」の内容を発展的に創造し、乳幼児領域においてもガイダンスを作成することが必要と考えています。

3　「改訂版ガイダンス」の基本的要素、構成

全体像を把握する

以上述べてきた「ガイダンス（初版）」の基本的な内容を踏まえて、２０１８年1月に公表された「改訂版 国際セクシュアリティ教育ガイダンス」(International technical guidance on sexuality education UNESCO 2018) の全体像と基本的スタンスについて整理しておきたいと思います。そして、この9年でどのような内容の発展があり、さらに精緻化しているのかを見ていきましょう。

「改訂版ガイダンス」は、「ガイダンス（初版）」と同様に、性教育の国際的スタンダード（標準）に位置づけられる性教育実践と運営のガイダンス（案内・手引）であり、世界のどの国の子どもたちにとっても必要な学びの内容が網羅されています。わが国の性教育政策の根幹に据えられるべき内容であるこ

とは、いうまでもありません。

全体像とは「一つのまとまりとして捉えた物事の姿や形」ということですが、系統的に学び理解するためには全体像の把握が必要です。大まかにでも全体像を把握しておくことで、自らの課題意識に関連してガイダンスのどこを読み、実践化していくことができるのかを早く見つけることもできます。全体像の把握は、包括的性教育を理解するうえで、どのような社会的状況があるかを踏まえることでもあり、自らの実践を通して子どもたちに何を獲得してもらいたいのかを再考することにも役立つと考えます。

「改訂版ガイダンス」の引用は、ユネスコ編／浅井春夫・艮香織・田代美江子・福田和子・渡辺大輔訳『改訂版 国際セクシュアリティ教育ガイダンス』（明石書店、２０２０年）によります。

「改訂版ガイダンス」の基本的スタンス

「改訂版ガイダンス」の国際的背景として、「はじめに（イントロダクション）」の冒頭で「若者のウェルビーイング（幸福）にリスクをもたらすＨＩＶ／ＡＩＤＳ、性感染症、意図しない妊娠、ジェンダーに基づく暴力、ジェンダーの不平等がはびこる現代において、包括的セクシュアリティ教育は今でも、安全で有意義な充実した人生を送るために重要な役割を担っている。しか

国際セクシュアリティ教育ガイダンス【改訂版】——科学的根拠に基づいたアプローチ

ユネスコ 編
浅井春夫・艮香織・田代美江子・福田和子・渡辺大輔 訳
明石書店
2020年

しながら、質の高いカリキュラムに基づいた包括的セクシュアリティ教育がもたらすよい影響についての明白で説得力のある科学的根拠があるにもかかわらず、責任を持って自由に自らのセクシュアリティや関係性についてコントロールし知識に基づいた意思決定をすることを励ます、かれらの人生のための準備（教育）を受けられている子ども・若者はごくわずかだ」と述べています（翻訳書、20頁）。

「改訂版ガイダンス」の基本的なスタンスである科学的な根拠に基づいた包括的性教育は、第一の軸として、子ども・若者の発達において年齢に適した知識、態度、スキルを獲得することを可能にするという課題を担っています。それは人権の尊重、ジェンダー平等、多様性を重視する人間に対する肯定的価値観を形成することを目的にしており、とくに知識の獲得なくして態度、スキルの形成をはぐくむことは困難です。知識は、理論の学びとともに、事実・現実・真実を学ぶことで獲得していく基本的な能力です。

第二の軸に、安全で健康的な人間関係を形成するための態度とスキルを獲得することをめざしています。ここでいう「態度」とは、物事に対したときに感じたり考えたりしたことが、言葉・表情・動作などに表れたものであり、それは文科省が使うような誘導された範囲内の行動パターンをいうのではありません。人権の尊重、ジェンダーの平等、多様性の重視を軸にした具体的行動のあり方をいいます。知識、態度、行動、スキル、価値観は不可分の関係にあって、相互に補完的で相乗効果を発揮する可能性が大きい関係にあります。

第三の軸に、子ども・若者がネットやメディアを通じて過剰な性的情報にさらされている現実に対して、自らの人生の中で賢明で責任ある行動をするために科学的な知識とスキルを保障することが現代的課題であると強調されています。日本の「ＩＣＴ教育」では危険性の強調に力点がおかれ、〝持たない、使わない、取り上げる〟という指導が一部の現場では見られます。有害な面と有益に使える可能性を実践的に提示しているのが、「キーコンセプト4：暴力と安全確保」で、「4・3　情報通信技術（ＩＣＴｓ：Information and Communications Technology）の安全な使い方」として、知識・態度・スキルのレベルで具体的に提示しています。

「改訂版ガイダンス」の基本的要素と構成

「改訂版ガイダンス」に凝縮されている包括的性教育の基本的要素は、以下の10点に整理されます。

①科学的で正確であること：徹底して事実と科学的根拠に基づいている。
②漸進的であること：各段階を踏まえながら学んでいくスパイラル型（らせん状の連鎖的発展）カリキュラムである。
③年齢・成長に即していること：子どもの発達の変化に柔軟に対応する内容である。
④カリキュラムベースであること：教師が生徒の学習を支えるためのガイド的要素を持つ。
⑤包括的であること：広範囲でかつ深い学習と繰り返しの学習に支えられている。
⑥人権的アプローチに基づいていること：自分と相手の権利に気づき、誰かの権利が侵されている際には、それに対して立ち上がるちからを育成することをめざしている。

⑦ジェンダー平等を基盤にしていること：ジェンダー規範がいかに不平等を作り出し、健康や幸福の阻害、性感染症、意図しない妊娠、ジェンダーを基盤にした暴力等に影響しているかを学ぶ。
⑧文化的関係と状況に適応させること：文化や社会規範が個人の選択した関係形成にどのように影響しているか、そうした現実に対抗し、実践することで責任ある関係構築のスキルを養う。
⑨変革的であること：より平等で寛容な社会の構築と変革をめざしている。
⑩健康的な選択のために必要なライフスキルを発達させること：賢明な選択と効果的なコミュニケーションができ、自らの主張ができることをめざしている。

「改訂版ガイダンス」は、**図表1-3**にあるように、参考文献、用語集、付録を除いて7章で構成されています。第1章～第4章では、包括的性教育の新たな定義とキーコンセプトが、更新された科学的根拠とともに紹介されています。第5章では、キーコンセプトやトピックが年齢ごと（4区分）の学習目標とともに記述されています。第6章と第7章では、包括的性教育をすすめるための組織化の方法、効果的なプログラムを実施するための具体案が提示されています。

「改訂版ガイダンス」の構成は、9年間の世界各地の実践を踏まえて、包括的性教育とは何かをより確信を持って理論化し、実践を精緻化したものといえます。とくに科学的証拠を使用して、ジェンダー平等と人権基準・枠組みの内容を定着させました。その大きな柱が若者の健康とウェルビーイング（幸福）であることを明らかにしています。そのうえでさらに、包括的性教育の実施のためのプランニングと支援体制の構築、効果的なプログラムの実施のためのガイダンスを提示した点で大きな前進があります。

図表1-3　国際セクシュアリティ教育ガイダンスの初版と改訂版との構成の比較

初版（2009年）		改訂版（2018年）	
第Ⅰ部	セクシュアリティ教育の論理的根拠	第１章	はじめに（イントロダクション）
	１．序論、２.背景、３.セクシュアリティ教育実践のための支援の構築と計画の立案、４.セクシュアリティ教育のための実証的基盤、５.効果的なセクシュアリティ教育プログラムの特徴、６.教育機関におけるすぐれた実践	第２章	包括的セクシュアリティ教育の理解
		第３章	若者の健康とウェルビーイング（幸福）
		第４章	科学的根拠に基づいた包括的セクシュアリティ教育
		第５章	キーコンセプト、トピック、学習目標
			キーコンセプト１：人間関係
第Ⅱ部	内容項目と学習目標		キーコンセプト２：価値観、人権、文化、セクシュアリティ
	１．序論、２．年齢の範囲、３．学習の構成、４.独立したプログラムか関連づけたプログラムか、５．構成、６．基本構想と内容項目の概要		キーコンセプト３：ジェンダーの理解
			キーコンセプト４：暴力と安全確保
			キーコンセプト５：健康とウェルビーイング（幸福）のためのスキル
	７　学習目標		キーコンセプト６：人間のからだと発達
	基本的構想１：人間関係		キーコンセプト７：セクシュアリティと性的行動
	基本的構想２：価値観、態度、スキル		キーコンセプト８：性と生殖に関する健康
	基本的構想３：文化、社会、人権	第６章	サポート体制の構築と包括的セクシュアリティ教育プログラム実践のための計画
	基本的構想４：人間の発達	第７章	効果的な包括的セクシュアリティ教育プログラムの実施
	基本的構想５：性的行動	第８章	参考資料
	基本的構想６：性と生殖に関する健康	第９章	用語集
	付録	第10章	付録

図表1-4　改訂版 国際セクシュアリティ教育ガイダンスのキーコンセプトとトピック

キーコンセプト1 人間関係	キーコンセプト2 価値観、人権、文化、セクシュアリティ
トピック： 1.1　家族 1.2　友情、愛情、恋愛関係 1.3　寛容、包摂、尊重 1.4　長期の関係性と親になるということ	トピック： 2.1　価値観、セクシュアリティ 2.2　人権、セクシュアリティ 2.3　文化、社会、セクシュアリティ
キーコンセプト3 ジェンダーの理解	**キーコンセプト4 暴力と安全確保**
トピック： 3.1　ジェンダーとジェンダー規範の社会構築性 3.2　ジェンダー平等、ジェンダーステレオタイプ、ジェンダーバイアス 3.3　ジェンダーに基づく暴力	トピック： 4.1　暴力 4.2　同意、プライバシー、からだの保全 4.3　情報通信技術（ICTs）の安全な使い方
キーコンセプト5 健康とウェルビーイング（幸福）のためのスキル	**キーコンセプト6 人間のからだと発達**
トピック： 5.1　性的行動における規範と仲間の影響 5.2　意志決定 5.3　コミュニケーション、拒絶、交渉のスキル 5.4　メディアリテラシー、セクシュアリティ 5.5　援助と支援を見つける	トピック： 6.1　性と生殖の解剖学と生理学 6.2　生殖 6.3　前期思春期 6.4　ボディイメージ
キーコンセプト7 セクシュアリティと性的行動	**キーコンセプト8 性と生殖に関する健康**
トピック： 7.1　セックス、セクシュアリティ、生涯にわたる性 7.2　性的行動、性的反応	トピック： 8.1　妊娠、避妊 8.2　HIVとAIDSのスティグマ、治療、ケア、サポート 8.3　HIVを含む性感染症リスクの理解、認識、低減

セクシュアリティが個人の日常的な習慣と常識、社会的文化的価値観から形成されるという現実から、第5章「キーコンセプト、トピック、学習目標」が初版の6項目に加えて「3：ジェンダーの理解」が新設されています。さらに世界的な共通課題となっている子ども虐待・性暴力・DVなどの現実を踏まえて「4：暴力と安全確保」が加えられ、8項目となっています。

4 「改訂版ガイダンス」で発展的に展開されたこと

改訂版で大きく発展している内容の第一は、①セクシュアリティの基本として「多様性」の尊重が継続して位置づけられており、②人権を基盤とした実践スタンス、③「ジェンダーの理解」が「キーコンセプト（重要な概念）3」で独立して位置づけられており、包括的性教育を形づくる三本柱（多様性、人権、ジェンダー）になっています。初版では、「多様性は、セクシュアリティの基本である」こととともに「セクシュアリティは、ジェンダーとの関連なしに理解することはできない」として、セクシュアリティ教育の核に位置づけられていました。また、初版では全体として人権の理念が貫かれていましたが、改訂版ではさらに力点が置かれています。世界の性教育をめぐる政治状況を踏まえながら、さまざまな提起がされています。

第二に、初版では6項目であったキーコンセプトが、改訂版では8項目に増え、前述の「キーコンセプト3：ジェンダーの理解」と「キーコンセプト4：暴力と安全確保」の2項目が加わりました。また、「キーコンセプト5：健康とウェルビーイング（幸福）のためのスキル」では、健康とウェルビーイング（幸福）の確保のためには「スキル」が必要なことを強調しており、「学習者中心のアプローチ」という基本的スタンスがさらに強化されています。

第三に、知識、態度、スキルという学びの3つのレベルで、より具体的に身につけることが意識されているといえます。知識として学ぶことを通して、態度とスキルのレベルまでいかに具体的に獲得していくのかが問われています。3つのレベルでの学びをどう具体化するのかという観点から、性教育実践の目的と内容を検討していくことが求められています。

第四として、具体的な学習内容に関して、いくつかの発展的な内容を紹介しておきます。

「キーコンセプト7：セクシュアリティと性的行動」の「7・2　性的行動、性的反応」の学習目標（9〜12歳）で、「禁欲（abstinence）とは、セックス（性行動）をしない選択をすること、また、セックス（性行動）をいつ、誰と、初めてするかを自ら決めることを意味し、妊娠やHIVを含む性感染症を防ぐ最も安全な方法であることを理解する（知識）」（「改訂版ガイダンス」翻訳書、142頁）という課題が示されています。この点、初版では「禁欲とは、他者と性的行動を行わない選択をするということであり、妊娠、HIVを含む性感染症を回避するための最も安全な方法である」（ユネスコ編『国際セクシュアリティ教育ガイダンス』明石書店、2017年、164頁）と記述されていました。「改訂版ガイダンス」は、しない選択だけでなく、いつ、誰とどのようなセックスをするのかを決めるまでの選択を「禁欲」の概念として提起しています。この部分の改訂は、ガイダンスが純潔強制教育や抑制的性教育とは異なり、自己決定能力の形成を重視する基本的スタンスを明示したものといえます。

同じく「キーコンセプト7」「7・2」の12～15歳の学習目標では、「キーアイデア：取引的な性的行為、金銭や物品と性的行為の交換は、自分の健康やウェルビーイング（幸福）を危険に晒《さら》す可能性がある」（翻訳書、143頁）と明記しています。そのうえで「学習者ができるようになること」として「金銭や物品との取引を伴う性的関係は、脆弱《ぜいじゃく》性を高めうる不平等な力関係を増加させ、セーファーセックスを交渉する力を制限することを認識する（態度）」という課題が提起されています。初版では「取引としての性的行為とは、性的なサービスをお金や物や保護と交換することである」（初版翻訳書、164頁）と、定義が記述されていただけでした。

この改訂版の内容は、国際的な性の商品化をめぐるさまざまな考え方と動き――①禁止主義（あらゆる形態の性売や広告を禁止し処罰しようとする立場）、②規制主義（性買売を「必要悪」と捉え、他の職業と同じように「合法」とする一方で、行政面でさまざまな規制をかける立場）、③廃止主義――がある中で、基本的立場として「廃止主義」（公娼制を奴隷制として捉えて、性売女性を社会構造に基づく格差と貧困の「被害者」として非処罰の対象とし、あっせん業者などは処罰の対象とすることで公娼制の廃止を明確にする立場）を採用する方向に明確に舵を切ったことを示しています。それは性買を人間の尊厳を侵害するものとみなし、セックスワーク合法化法制を拒否するという立場です。性買売は人身売買組織網に関わるケースが圧倒的多数を占めているのが現実です。それゆえこの立場は性買行為を犯罪として、性売行為は犯罪としません。ちなみに世界では、4000万～4200万人が性売に従事している現実があり、性売を始めた年齢は13～14歳となっています。2006年からの10年間で性売市場は急拡大しているのが実際です（ナディーヌ・カッタン他著／太田佐絵子訳『地図とデータで見る性の世界ハンドブック』原書房、2018年〔原著

２０１６年〕、90～93頁〕。

「廃止主義」は戦前からの性買売に関する幾多の運動の成果を反映して、１９４９年の「人身売買及び他人の売春からの搾取の禁止に関する条約」に結実したのであり、戦後の多くの国の国内法で廃止主義に基づいた法律が成立してきたところです〔「特集：性教育と法の関係が丸ごとわかる事典②」同条約の解説〔大久保みなみ執筆〕、および「表2　国際法と国内法等の関連年表」〔艮香織作成〕『季刊セクシュアリティ』94号、２０２０年1月、を参照ください〕。

補足的に、セックスワーク論の立場から提起をされている「非処罰化」という論理に関して、若干の検討をしておきます。

セックスワーク論の立場からの主張では、「『合法化』は、特定法を定めて売買春を取り締まり、この法を逸脱する行為を犯罪にするので、実は半分は『犯罪化』であると言っていい。対照的に、『非犯罪化』は、売買春に限って取り締まる特定の法を作らない、ということです。……他の産業や仕事と同じように、労働法・商法・民法などといった一般法の範囲内で営まれるようにするのが『非犯罪化』なのです」〔青山薫「セックスワーカーへの暴力をどう防ぐか」ＳＷＡＳＨ編『セックスワーク・スタディーズ』日本評論社、２０１８年、１４４頁〕と説明されています。

はたして性買売の「非犯罪化〔非処罰化〕」と「合法化」はそのように明確に区別ができるのでしょうか。性売行為に限定してみれば、非処罰化と合法化は区別が可能です。しかし業者やあっせん業者の「営業活動」を含めて「非処罰化」を考えると、その実質的機能は合法化と同じ実態を示すことになるということができます。

ジェンダー研究、性教育研究などの分野では多様な意見があります。それぞれの理論や主張が性を売る女性にとって、真に人権が守られる方向にすすみ、エンパワーメントされることになるのかについて、別稿で検討をしてみなければならないと考えています。

第五に、ポジティブなセクシュアリティ像を形成するという発展的な方向があげられます。改訂版では、「包括的」とは、「ポジティブなセクシュアリティ観と満足のいく性と生殖に関する健康を実現するための学習者の知識・態度・スキルの発達を意味している。また、包括的性教育のプログラムの核となる要素には、人権という確固たる基盤、人間の発達の自然な要素としての幅広いセクシュアリティ概念といった一定の類似性が共有されている」（翻訳書、22頁）と述べられています。

第六として、初版でも意識されていた事項ですが、インターネット、ソーシャルメディアに対する知識・態度・スキルの対応力が問われています。安全な使い方に習熟していくためのトレーニングが必要になっています。その点でいえば、子どもたちの利用状況に対して、教員・保護者・おとなの側が必要な知識とスキルを持っていないのが実際です。

5　「改訂版ガイダンス」を活用するために

「ガイダンス（初版）」から「改訂版ガイダンス」が公表される9年の間に、世界は「誰も置き去りにされていない公正で公平、寛容、オープンで社会的に包摂的な世界を達成するために果敢で変革的な開発アジェンダを受け入れるようになりました。持続可能な開発のための2030アジェンダは、質の高い教育、健康とウェルビーイング（幸福）、ジェンダー平等、人権が本質的に絡み合っていることを私たちに示しています」（翻訳書、7頁）と、「改訂版ガイダンス」が「序文」で述べる状況へと変化してきています。

この動向を概説すると、多くの若者がセクシュアリティ教育への権利を求めて、さまざまなアクションを起こしていることに大きな変化を見ることができます。若者たちが、性的自己決定能力をはぐくむための知識・態度・スキルの形成をサポートするセクシュアリティ教育をさらに強く広範に支持しています。

こうした社会の発展の可能性と若者の切実な要望があるにもかかわらず、「社会の義務を負う者が全世代に対する義務を果たすことができていない」（翻訳書序文、8頁）現状があることを指摘しています。「改訂版ガイダンス」の全般的な評価を紹介しておきます。第一に、「ガイダンス（初版）」が「完全に更新された」（同序文、8頁）内容となっており、現在の科学的根拠をあらためて調査・検討したことに基づいています。その点では初版と同様に、人権とジェンダー平等を骨格にしたセクシュアリティ教育の位置づけを再確認しています。

第二に、各国の教育行政が若者の健康とウェルビーイング（幸福）にポジティブな影響を与える包括的なセクシュアリティ教育のカリキュラムを設計するように促しています。その点でいえば、日本における性教育政策は「改訂版ガイダンス」に応えようとする姿勢は、残念ながら、欠如したままとなっています。そうした時代の局面の中で、性教育の研究実践運動を促進する原動力となる役割を持っています。

第三として、持続可能な開発目標（ＳＤＧｓ）との関連で２０３０年を目標年として、セクシュアリティ教育の展望を描いており、「改訂版ガイダンス」と「ＳＤＧｓ」とは相互発展的な関係にあることが求められています。したがって、今後の10年が、人間を大切にする社会変革とセクシュアリティ教育の発展にとっての大きな転換点であり分岐点となっているのです。

このように評価できる「改訂版ガイダンス」を、どのように活用していくべきでしょうか。

第一は、「改訂版ガイダンス」を学校などの現場の性教育実践に活かすことが求められています。これまでの性教育実践をさらにバージョンアップしていくために活用することはいうまでもありません。

第二に、国の性教育政策に「改訂版ガイダンス」の基本的なスタンスと内容を反映させ、全国の教育・保健・医療・福祉などの現場でとりくむカリキュラム・実践計画の中で具体化することが必要です。また学習指導要領におけるいわゆる〝はどめ規定〟の撤廃とともに、各都道府県・市町村の「性教育の手引」を「改訂版ガイダンス」を踏まえて改訂していくことも重要な課題です。

第三に、各実践領域の研修制度に「改訂版ガイダンス」を位置づけるとりくみが求められています。それは子どもの「人格の全面的かつ調和のとれた発達」（子どもの権利条約前文）を保障していくうえで、専門職に求められる不可欠の学びの課題です。

第四に、「改訂版ガイダンス」の年齢的対象範囲となっていない乳幼児期（0歳～4歳）の「学習目標」「キーアイデア」「学習者ができるようになること」を整理する課題にチャレンジしたいものです。それはまた、障がい児者のカリキュラムづくりも視野におく課題でもあります。

第五として、研究団体が「改訂版ガイダンス」を学ぶ運動を広げていく課題があります。並行して独習をすすめることも、今後の性教育を発展させていくうえで必要不可欠の課題となっています。

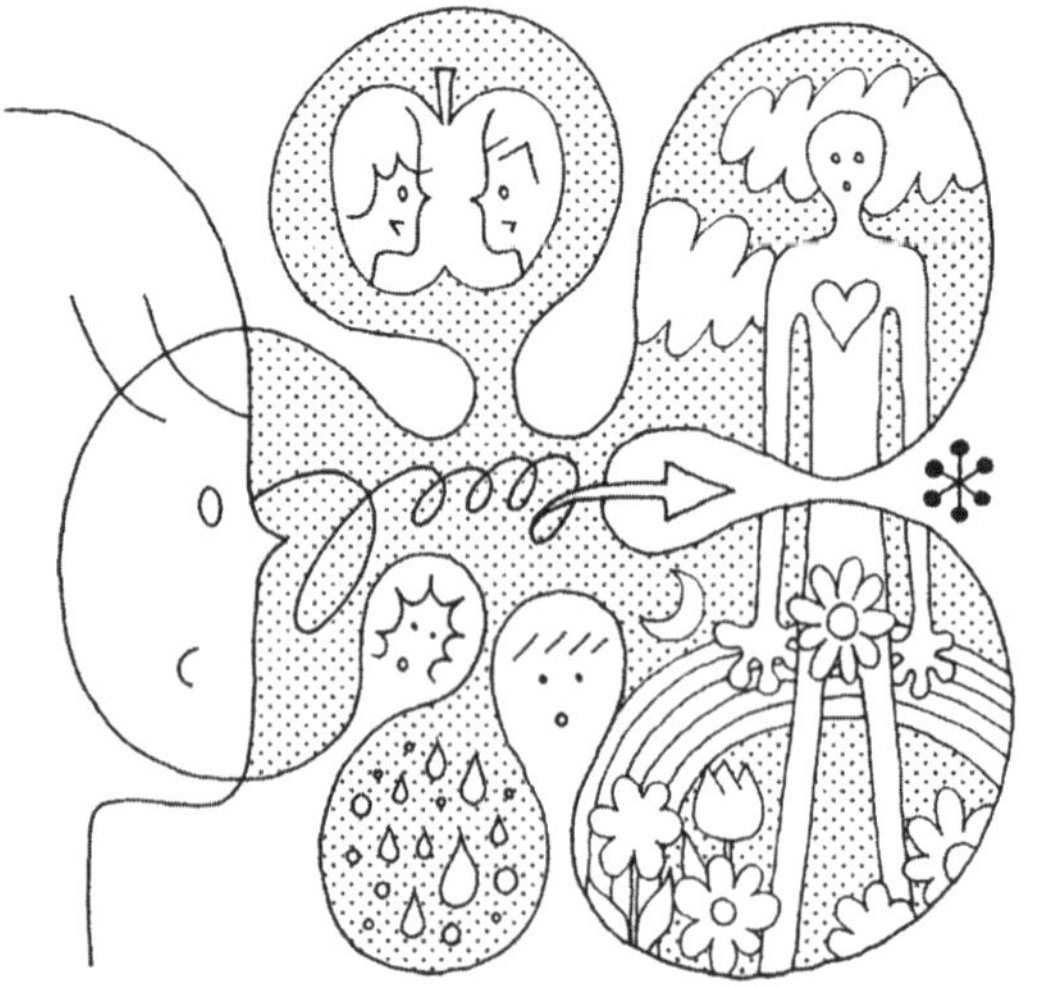

補足資料①

アメリカ性情報・性教育協議会(SIECUS)の「包括的性教育ガイドライン」(第3版、2004年)

世界の性教育の基本方向は、①子どもの性的発達とリアルな実態に即して、②社会の性的環境の実際を踏まえて、③子どもの性的自己決定能力をはぐくむためのとりくみとして、④研究的実践と実践的研究を通して、自由闊達な実践を創造していくことをめざし、そのためには⑤行政は現場の実践がやりやすいようにバックアップしていくという役割を果たし、さらに⑥性教育の内容を検証し創造していくことに、教師だけでなく保護者や子ども自身も参加していくシステムを大事にしていることなどをあげることができます。

性教育をリードしてきたアメリカの動向を簡単に紹介しておきます。

SIECUS「包括的性教育ガイドライン」(第3版、2004年)

アメリカでの性教育をめぐる攻防は熾烈《しれつ》な状況がありました。ブッシュ(ジュニア)大統領の登場によって、大きく右傾化がすすみ、性教育も冬の時代を迎えたのです。しかしそうした時代にあっても

「アメリカ性情報・性教育協議会」(Sexuality Information and Education Council of the United States　以下、「ＳＩＥＣＵＳ」と略記）は包括的性教育の方向をすすめ、２００４年には「包括的性教育ガイドライン《第3版》」をまとめています。

アメリカでは１９８０年代後半、ＨＩＶ／ＡＩＤＳ（ＳＴＩ）の世界的な流行にともなって、予期しない妊娠や性感染症を防止するための情報やスキル、判断力の形成について、社会的な注目が集まるようになりました。少なくない州で、性感染症や性をテーマにした教育をすすめることが義務づけられましたが、どのような内容の性教育を行うかについては広範囲にわたる論争が起きていました。

どのような性教育実践を展開するのかという課題に対して、ＳＩＥＣＵＳは１９９０年に各分野の専門家・研究者を集めて、性教育プログラムの課題に取り組みました。１９９１年に「the Guidelines for Comprehensive Sexuality Education：Kindergarten through 12th Grade」(包括的性教育ガイドライン：幼稚園から12歳まで）を発行しました。これがアメリカにおけるはじめての性教育実践体系のモデルとなるものでした。

第３版の構成と内容は基本的に初版と同じですが、それをバージョンアップした内容になっています。ガイドラインの基本的組み立ては、主要な６つの概念と39のトピックスで構成されています。重要概念は、①人間の発達、②人間関係、③対人関係のスキル、④性行動、⑤性の健康、⑥社会と文化です。

とくに注目しておきたいのは「性的に健康なおとな（Life Behaviors of a Sexually Healthy Adult)」像の提起です。性教育の実践も、目的論がまず根幹に据えられる必要があります。その点の社会的な認識の共有が重要です。性教育バッシングの〝論理〟は〝社会解体をめざす〟〝フリーセックスの推進〟など、目的論を無謀に捻じ曲げるものばかりでしたが、嘘八百であっても、何度も繰り返すことで、そこまでいうには何かあるかもしれないという不安をあおる効果があったといえます。

ＳＩＥＣＵＳの提示している「性的に健康なおとな」像を紹介しておきます。こうした目的論を踏まえて、私たちの性教育実践の方向を検討することが求められています。

性的に健康なおとなとは：

・自らのからだに感謝する（自らのからだをよく知る）
・必要に応じて生殖についての情報を入手する
・生殖あるいは性的経験に関係なく、性的な発達を含む人間の発達を肯定する
・あらゆるジェンダーの人々を尊重し、適切な態度で交流する
・自らの性的指向を肯定し、他者の性的指向をも尊重する
・自らの性自認（ジェンダー・アイデンティティ）を肯定し、他者のものも尊重する
・愛や愛情行為を適切な方法で表現する
・意味ある人間関係を形成し、保つ
・搾取的操作的な関係を避ける
・家族計画や家族関係について、十分な情報を得て適切な選択をする
・人間関係を高めるようにスキルを習得している

・自らの価値観を確立し、それに従って生きる
・自らの行動に責任を持つ
・有効な意思決定をする
・批判的な思考方法を発展させる
・家族や仲間、恋愛相手と効果的にコミュニケーションする
・人生の中で自らのセクシュアリティを楽しみ、表現する
・自らの価値観に従った方法で自らのセクシュアリティを表現する
・衝動的行動をせずに、性的感情を楽しむ
・人生を豊かにする性行動と、自らや他者に有害な性行動を区別する
・他者の人権を尊重しながら、自らのセクシュアリティを表現する
・自らのセクシュアリティを高めることのできる情報を集める
・お互いに同意のうえで、搾取的でない、正直で楽しく安全な性的な関係を持つ
・定期健診、乳房や睾丸の自己検査などで健康管理をし、問題を早期に発見する
・望まない妊娠を効果的に避けるための避妊用品を使用する
・ＨＩＶを含む性感染症への接触、感染を避ける
・望まない妊娠をした際に、自らの価値観に従った行動をとる
・出生前のケアを早い段階で受ける
・性的虐待を防ぐ

・異なる性の価値観に対して、尊重的な態度を示す
・性的な諸問題に関する法律の制定に社会的責任を果たす
・家庭、自らの考えに影響を与える文化的、メディア的、社会的メッセージ、性的な感情、価値観、および行動がどういったインパクトを持つかを考える
・ジェンダーや性的指向、文化、民族、人種などに基づいた社会の偏見について批判的に考察する
・すべての人が性についての正確な情報を知る権利を獲得する
・偏見や偏狭な行動を避ける
・異なる集団の性的指向に対して固定観念を持たない
・性について、他の人を教育する

ここに示された37項目を参考に、それぞれの現場で私たちのめざす性的に健康な人間像を整理することが必要です。

「性的に健康なおとな」の冒頭「自らのからだに感謝する」は、子ども・青年のからだイメージと自己受容の課題を考えるうえで、①他者との比較ではなく、からだという生身の自分への関心をまず持てること、②自らのからだの変化の見通しを持てること、③自らのからだを愛おしいと感じる感覚を形成していくことなどを、実践的に追究していくことが提起されているといえます。

「自らのからだに感謝する」あるいは「自らのからだをよく知る」と訳したのは、英語のappreciate

には、①〈人・ものの〉よさがわかる、真価を認める、②〈物事を〉（的確に）認識する、③感謝する、などの意味があります。そして感謝とは、「相手に対して心が強く動き、そのありがたいという気持ちを言葉にして伝えること」と辞典的には説明されています。自らのからだのよさやからだをよく知ることで、自らのからだへのポジティブな感情と理解を持つという意味で感謝という訳し方をしました。「自らのからだをよく知る」ことを通して、自らのからだへのポジティブな感覚をはぐくむことも「性的に健康なおとな」像として考えてみたいと思います。

最後は「性について、他の人を教育する」となっており、他者への働きかけができる水準にまでステップアップしていくおとな像が描かれています。すべてをクリアできる人は少ないでしょうけれど、めざすべき理想を掲げておくべきではないでしょうか。

授業「セクソロジー」で提示している人間像と学習ポイント（試論）

セクソロジー（人性学）では、人間のセクシュアリティに関して肯定的で性的に健康で、自他の性的人権を守ることを促進することをめざしています。そのためには性的自己決定能力を形成することが必要です。

先に紹介したＳＩＥＣＵＳの「性的に健康なおとな」像を参考に、セクソロジーの学びを通してめざしたい人間像や、学修のポイントを試論的に提示しておきます。大学生に向けての内容なので、各年齢・発達段階にあわせてアレンジしてください。

【めざしたい人間像40】

1 「からだの権利」を学び、自己のからだを愛おしむ。
2 からだや顔のステレオタイプ化された情報に惑わされず、自分らしさを大切にする。
3 性的発達を含む人間の発達を肯定的に受け止めることができる。
4 自己の性的指向を肯定し、他者の性的指向も尊重する。
5 ジェンダーの刷り込みや強化に関して、批判的に考える。
6 自己の性自認（ジェンダー・アイデンティティ）を肯定し、他者の性自認も尊重する。
7 多様なセクシュアリティに関して深く理解し、適切な人間関係を形成する。
8 愛情表現や性愛行動を適切な方法で表現する。
9 人生にとって意味のある人間関係を形成し維持する。
10 性買売や性暴力などの搾取的・暴力的・操作的な関係を避ける。
11 さまざまな暴力と人権侵害に批判的で否定的な思考と行動をする。
12 妊娠と避妊に関して、十分な情報を獲得し賢明な（後悔をしない）選択をする。
13 人間関係を高め豊かにするために適切なスキルを使う。
14 自己の価値観を確立し、それに従って生きる。
15 自己の性行動に見通しと責任を持つ。
16 自己と他者の人権を尊重した有効な意思決定をする。

17　さまざまな性的事象に対して批判的な思考方法をする。
18　自己の性行動を柔軟に修正し改善する。
19　家族や友人、恋愛パートナーと効果的にコミュニケーションする。
20　人生の中で自己の性を楽しみ、表現することができる。
21　自己の価値観を踏まえた方法で自己の性（セクシュアリティ）を表現する。
22　衝動的行動をせずに、性的感情を楽しむことができる。
23　人生を豊かにする性行動と、自己または他者に有害な性行動を区別する。
24　他者の人権を尊重しながら、自己の性を表現する。
25　自己のセクシュアリティを豊かにするために、必要な情報を集める。
26　人権や共生の視点から性情報の取捨選択をする。
27　お互いに同意のうえでの、搾取的で暴力的でない、楽しく安全な性関係を持つ。
28　自己のからだや性器官に関する定期健診や自己検診などで健康管理を行い、問題を早期に見つける。
29　予期しない妊娠を効果的に避けるために、避妊ツールを適切に使用する。
30　ＨＩＶ・エイズを含む性感染症との接触と感染を避ける。
31　予期しない妊娠をしたときに、自己の価値観にそった選択と決断ができる。
32　出生前の判断を適切に行い、ケアを早い段階で受ける。
33　性的虐待・性暴力を防ぐ（性的虐待・性暴力から自己を守ることができる）。

34　性に関して異なる価値観に対しても、尊重的態度を示す。
35　性の価値観や判断力に影響を及ぼすさまざまな情報（性文化、性情報、宗教、政策など）および行動がどのようなインパクトを持つか考える。
36　社会に流布している性的偏見（性別、性的指向、文化、民族、人種など）について真摯に考察する。
37　性的問題に関する法律を学び、必要な法律制定に社会的責任を果たす。
38　すべての人が科学的な性情報を獲得する権利を保障する。
39　性的偏見や差別的な行動を否定する。
40　性に関して他の人と共に学び、さらに教育する。

以上の「めざしたい人間像40」に向かうときに押さえておきたい具体的な学習のポイントを、箇条書き的に整理します。

【学習ポイント１００】

１．人間関係

1　さまざまな家族の存在を理解する。
2　家族の構成員においてもそれぞれの欲求や役割がある。

3　ジェンダーの不平等は、家族の構成員における役割・責任分担に反映し、性別役割分業の実態を生み出すことを理解する。
4　家族の間のコミュニケーションによって不平等を改善できる。
5　家族は支え合う関係によって危機を回避することもできるが、場合によっては増幅する。
6　HIV陽性、ゲイであることの告白、妊娠を知らせたときなどに、家族の関係は変動することがある。
7　人間関係にはさまざまな種類の愛情と性愛が関わっており、それは異なる表現がなされる。
8　身体障がいや健康状態は人間関係や恋愛関係への障害にはならない。
9　男女の役割は人間関係や恋愛関係に影響を与え、両性の平等は健康な人間関係のために大切である。
10　DVや子ども虐待は不健全な人間関係であり、人権侵害の最たるものである。
11　恋愛関係は男女の役割や固定観念によって大きく影響される。
12　虐待に関係する法律を特定し、虐待的な人間関係を通報する義務がある。
13　人は友情や恋愛によって自己肯定感を強められる。
14　性的ないじめを定義し、人権侵害であることを特定することができる。
15　あらゆる人々が敬意に値する。
16　健康状態、肌の色、出自、性的指向その他、多数者とちがうことを理由に、誰かに嫌がらせをしたり、いじめたりすることは人権侵害である。

17 すべての人が偏見と不寛容に対して、はっきりと反対意見を述べる義務がある。

18 多くの国で汚名を着せたり、差別したりすることを禁止する法律がある。

19 おとなはいくつかの方法で親になることができる。妊娠、養子縁組、里親、代理母などを依頼することもなされている。

20 人が子どもを持つ・持たないという決定を行うのに、多くの要因が影響する。

2. 価値観、態度、スキル

21 価値観と心情が人生と人間関係についての行動上の決定を導く。

22 個人、仲間、家族、集団は、それぞれ異なった価値観を持つ場合がある。

23 性、愛、生殖に関する価値観は、個人の行動と意思決定に影響する。

24 自分の意見を主張するということは、性的な関係について適切なときに自らの意思を貫くことである。

25 性行動に関する意思決定にあたっては、起こりうるあらゆる結果を想定することである。

26 お互いの合意に基づいた安全なセックスは、効果的なコミュニケーションのスキルを必要とする。

27 自己主張と交渉のスキルにより、望ましくない性的圧力に抵抗し、安全なセックスがしたいという意図を強化できる。

28 性と生殖に関する健康について支援を求める機関として、保健所、病院（避妊教育ネットワークに参加している病院)、婦人(女性)相談センターなどがある。

29 現代の日本では母体保護法第2条第2項により、人工妊娠中絶を行う時期の基準は、「胎児が、母体外において、生命を保続することのできない時期」と定められており、現在は妊娠22週未満となっている。

3. 文化、社会、人権

30 人間のセクシュアリティ(多様性な性)を規定する4つの柱を踏まえて、多様な性を規定することができる。

31 人権を尊重するために、セクシュアリティに関する他者の意見に配慮しなければならない。

32 性に関わって国際条約(女性差別撤廃条約、女性への暴力撤廃条約、子どもの権利条約、障害者権利条約など)と法律があり、基本的な指針を示している。

33 未成年の結婚、女性器切除、性交合意年齢、性的指向、性的虐待・子どもポルノなどに関して国際協定や各国の法律が存在する。

34 障がいとともに生きている子どもたちの性的人権と性の学習権を尊重できる。

35 アダルトビデオ・DVD等のメディアにおける男性と女性の描かれ方について批判的に考える。

36 ポルノ文化の男性支配と性暴力の本質を捉えることができる。

37 性の不平等の現実を発見し、改善する。

38 男女のジェンダーにおける二重規範(ダブルスタンダード)を見抜くことができる。

39 性の不平等は性行動に影響を及ぼし、性的強制、虐待、性暴力の危険性を高める可能性がある。

40 セクシュアル・ハラスメントやデートＤＶについて、行為を特定し拒否することができる。

41 からだの中の「プライベートゾーン」は、とくに性器、胸、おしり（肛門）、口であるが、からだ全体でもある。

42 性的虐待は子ども虐待の一種であり、接触・非接触虐待がある。

43 すべての人が性的虐待および性暴力についての通報義務を持つ。

44 性教育の必要性と基本的理念について深く理解をしている。

4．人間の発達

45 男性と女性のからだは共通する土台と異なる器官がある。

46 性欲↓性的欲求↓性的共生欲求・性的支配欲求として捉える。

47 月経の周期は25日～30日がほとんどであり、月経期間は３日～７日がほとんどである。

48 排卵日は、最終月経の初日から14日目前後であることが多い。

49 精子の産生は24時間休むことなく行われており、産生数は毎日１日あたり約５０００万～１億を死ぬまで作り続ける。

50 精巣の中で72日間かけて形成された精子は、精巣上体に蓄えられて約２週間出番を待っている間に、成熟して動き始めるのであり、精巣で成長が始まってから射精されるまでは約３か月間経っている。

51　精子は1回の射精で、多くの場合、1億～3億個が排出されるが、精液全体（2～6㎖）に占める割合は1％である。
52　精液に対する偏見と誤解を超えて、その科学的な役割について理解する。
53　男性器の勃起のしくみと機能について理解する。
54　ソロセックスを肯定的積極的に捉える。
55　胎児の性別は染色体（XX：女性、XY：男性）によって決定し、決定する時期は妊娠初期である。
56　胎児の「性器の分化」に疾患があって、男女にはっきりと性別がわからない人を「インターセックス（中間の性）」といい、約2000人に1人という割合で生まれている。
57　母子健康手帳の性別の欄は、「男・女・不明」である。
58　卵子と精子が出あうことで受精卵となり、妊娠・出産へのプロセスの第一歩となる。
59　「赤ちゃんはどこから、どうして生まれるの？」に答えることができる。
60　生殖は、排卵、性交、射精、受精、着床、妊娠、分娩といういくつもの段階を経て起きる。
61　避妊の方法には、いくつもの方法があるが、膣外射精は避妊方法ではない。
62　コンドームや避妊具をはじめから、正しく使うことにより、妊娠、HIVなどの性感染症を防ぐことができる。
63　胎児はいくつもの発達段階を経て成長する。
64　身体が成熟するにつれて、月経の手当てとして生理用ナプキンやタンポンなどを必要とし、その使い方の知識を獲得する必要がある。

65 男性の射精には、性交、ソロセックス（シングルセックス）、夢精、遺精などがある。

66 自分の身体に対して抱く感情が、その人の健康、自己イメージ、行動に影響を与える。

67 ペニス、外性器、乳房の大きさや形状は人によってさまざまであり、生殖機能や性的パートナーとなる能力には関係ない。

68 女性性器（外性器・内性器）について名称と機能を正しく理解する。

69 男性性器（外性器・内性器）について名称と機能を正しく理解する。

70 一次性徴は月経・射精であり、二次性徴は性器以外に見られる発達の変化である。

71 月経のしくみについて正しく理解する。

72 出産のしくみについて理解している。

73 すべての人が、どこを、どのようにして自分のからだに触れることができるかを決める権利を持つ。

74 あらゆる人がプライバシーと身体の尊厳の権利を持つ。

75 インターネット、ケイタイやその他のメディアは、受け手側が望まない性情報を配信することもある。

5. 性行動

76 マスターベーションは身体的・情緒的にまったく有害ではないが、誰にも知られずに行うものである。

77　男性と女性には性的反応のサイクルがあり、性的刺激は身体的精神的な反応を起こす。
78　カップルが愛、思いやり、互いに性的魅力を感じていることを多様な方法で示すことができる。
79　性的な関係を持つためには、からだの学習、性に関する法制度の学習、人間関係のトレーニングを積んでおくことが必要である。
80　あらゆる社会は性行動、性的事実に関して独自の神話を持っており、嘘や事実誤認の情報があふれている。
81　節制（ノーセックス）とは、他者との性行為を行わないことを選択することであり、妊娠、性感染症を回避する最も安全な方法である。
82　性行動には自己主張と拒絶のコミュニケーション・スキル＝セクシュアル・ネゴシエーションの体得が必要である。
83　セクシュアル・ハラスメントや脅迫、性暴力に関し通報する義務がある。人権侵害としての認識が不可欠である。

6．性と生殖に関する健康（リプロダクティブ・ヘルス）

84　妊娠と避妊のしくみを基本的に理解している。
85　コンドームを正しく一貫して使うことで、妊娠、ＨＩＶやその他の性感染症のリスクを低減させることができる。

86 妊娠すると特定の兆候や症状があらわれることを理解し、検査キットで妊娠の有無を調べることができる。

87 若すぎる年齢で、意図しない妊娠をした場合、健康や社会的な生活で否定的な影響が起きることがある。

88 避妊方法にはさまざまな方法があり、それぞれ異なった有効率、効果、利点、副作用などを持つ。

89 避妊方法には、経口避妊薬、殺精子剤、薬物添加ＩＵＤ（子宮内リング）、コンドーム、ペッサリー、リズム法（オギノ式）、女性避妊手術、男性避妊手術などがある。

90 より確実でスタンダードな避妊法は「ピル＋コンドーム」の併用である。

91 膣外射精は避妊方法ではない。

92 経口避妊薬（ピル）について、その有効性と使用の方法、副作用の可能性を知る。

93 コンドームが外れたり、コンドームを使わない無防備な性交渉を行ってしまったときに行う緊急避妊の方法がある。避妊に失敗してから72時間以内に婦人科を受診し、緊急避妊用の薬を服用する方法がある。

94 合法的な緊急避妊は、原則的には避妊できなかった性交後、72時間以内に緊急避妊薬（モーニングアフターピル）または経口避妊薬を1回飲み、その12時間後にもう1度薬を服用する。

95 性感染症にはどのような種類があるかを知り、その症状の特徴と治療法、予防のための方法を知る。

96　ＨＩＶ・エイズの感染経路と感染率、治療方法について知る。
97　ＨＩＶ感染者が前向きに生きていくための医学的治療がある。
98　ＨＩＶ感染を理由に人を差別することは違法である。
99　すべての人は自らの健康と病気について秘密を保持する権利を持ち、ＨＩＶ陽性・陰性について開示することを強要されてはならない。
100　アルコールとドラッグは、理性的な意思決定を阻害しハイリスクな行動に駆り立てる要因となることを理解している。

第2章

性教育におけるテーマ主義と課題主義

――テーマ主義が悪用された都議会での性教育バッシング質問にも触れて

本章では、「**図表2**　性教育カリキュラムにおける『テーマ主義』と『課題主義』の比較」（75～77頁）にそって概説をし、これまでの性教育の考え方・すすめ方（テーマ主義）との比較を通して、包括的性教育のスタンス（課題主義）と特徴を明らかにしてきます。

1　テーマ主義、課題主義の定義

本書で使用する「テーマ主義」と「課題主義」のさしあたりの定義は、以下のように考えています。「テーマ主義」とは、性教育カリキュラムを構想し実践する際に、テーマ（生命誕生、月経、射精、避妊、中絶、感染症予防など）を学年別に配列することを基本的作業として、それぞれの学年の授業でどのようなテーマを取り上げるかが性教育実践の軸となっている考え方のことです。現在の文部科学省・教育委

員会は基本的にこの立場にあります。

それに対して「課題主義」とは、性教育カリキュラムを構想し実践する際に、課題（現代社会が直面する性に関する問題、解決したい問題、重視したい子どもの性的発達上の問題など）は何かを検討し、子どもや社会の現実に即して、何をどのように授業で取り上げるかを子どもの発達要求やニーズと現場実践者・保護者の要望を踏まえた性教育実践をすすめる考え方のことです。国際的なスタンダードの「国際セクシュアリティ教育ガイダンス」などは基本的にこの立場にあるといえます。

「主義」という用語は、国語辞典では「思想・学説・芸術理論などにおける一定の立場」「持ちつづけている考え・方針・態度など」と説明されています。ここでいう「テーマ・課題主義」は性教育における実践と運営の組み立て方であり、何を重視して授業を構想しすすめていくのかという考え方・理論の基本的立場という意味で使用しています。

「主義」をつけずに、「テーマ」と「課題」についていえば、両者は密接にかかわっている用語であり概念です。子ども・青年や現代社会をめぐる課題をどのように認識するのかによって、何をテーマ（主題）に性を語り、学びの対象としていくのかが検討されることになります。また特定のテーマを深めることで、より具体的な次の課題が鮮明になってくるという関係にあります。その点で、けっして両者は対立的な関係にあるわけではなく、相互に補完的で、発展的な関係にあるのが本来的な姿であるのです。

ただ、本章で「テーマ主義」と「課題主義」としてそれらの特徴と論点を整理しているのは、子どもたちに必要な性教育を創造・発展させていく道ではなく、日本の性教育政策がテーマ主義を梃子《てこ》に、学年別に性教育のテーマを配置し、現場の性教育実践とカリキュラムを管理することによって、さらにいわゆる〝はどめ規定〟を学習指導要領に入れ込むことで、性教育のカリキュラムの上限設定をすることに力点がおかれてきた現実があるためです。

そうしたテーマ主義に則った性教育現場の管理強化ではなく、課題主義を基本に、子どもの現実を踏まえて、性教育カリキュラムの立て方と実践内容が検討される必要があります。

以下、テーマ主義を盾にとって、教育現場の管理へと誘導する政治行動があったので、それを例にテーマ主義の問題を考えてみることにします。

2　２０１８年３月都議会での性教育バッシング質問と都教委の対応

２０１８年３月16日、東京都議会文教委員会において、自民党都議（故人）は、区立中学校で行われた「自分の性行動を考える」という単元の授業を断片的かつ恣意的に取り上げ、「不適切な性教育の指導がされている」、「問題点がある。都教委はどう考えるか」と質問しました。東京都教育委員会（以下、都教委）は、その質問で求められた関係者への「指導」を進めるという答弁をしました。

この質問で「問題点がある」とされ、「指導」の対象とされた教育実践は、人権教育の一環として取り組まれた性教育の授業でした。中学生を取り巻く予期せぬ妊娠、人工妊娠中絶、性感染症などにかかわる、性行動の深刻な現状を踏まえ、学校ぐるみで検討した内容でした。中学生の当面する課題とともに、中学校を卒業したあとの人生のさまざまな局面で、賢明に選択できるちからをはぐくむことをめざした実践の授業でした。

こうした子どもたちの発達課題に応えようとする優れた性教育実践が、一部の都議、都教委によって「問題視される」ことは、教育内的事項への政治的介入であるばかりか、子どもたちの学習権、子どもたちが将来幸せに生きる権利を侵害する行為に他なりません。

質問者の都議は、その授業者が作成した「単元設定の理由」を読み上げました。次のような内容です。

○若年層の性行動を伴う妊娠、人工妊娠中絶、性感染症の拡大などが社会問題となっている。

○全体の人工妊娠中絶の件数は減っているものの、10代の割合が高く、特に中学校を卒業すると急激に増えている現状。

○若者の性行動をあおるような情報が氾濫する一方で、性に関する学習不足から、性交に伴う妊娠や性感染症に関する知識も自覚もないというのが大きな要因。

この都議は、読み上げただけですぐに「不適切な性教育の指導がされている」と断じ、都教委に授業の内容を把握しているかを尋ね、さらに「私は問題があると思う。都教委はどう考えるか」と質問しました。都教委は「区教委と連携して徹底した調査をする。当該校の管理職及び全教員に指導を進める。全都の中学校長会等にも指導をする」等と答弁しました。

この質問と答弁については何よりもまず、「教育への不当な支配」をしたとして同都議らが敗訴した七生養護学校のいわゆる「こころとからだの学習」裁判*の最高裁の判断（２０１３年最高裁決定）を真摯に受け止める必要があります。同都議は反省を公に表明しないままでいました。都教委もまた裁判結果を踏まえておらず、若者の現状についての見解を一切示さないまま、人権教育としての性教育を問題視し、もっぱら行政的でしかも統制的な措置についてのみ答弁しました。

＊「こころとからだの学習」裁判

東京都日野市にある都立七生養護学校（現・七生特別支援学校）では、隣接する七生福祉園から通う生徒が半数おり、幼児期からの虐待など困難な成育史をかかえた子も多く、性的な行動に発展してしまうことが多くありました。こうした状況を打開するために、教職員が試行錯誤しながら「こころとからだの学習」にとりくみ、その実践は校長会などでも高く評価されていました。

ところが２００３年7月の都議会で、自民党都議がこの性教育の実践を質問で取り上げ問題視し、石原慎太郎都知事（当時）・教育長が不適切だと応じたのに端を発して、七生養護学校の性教育実践に不当に介入する事件が起こりました。都議３人、区議・市議、産経新聞記者、東京都教育員会の指導主事らが「視察」と称して七生養護学校に乗りこみ、翌日、産経新聞は「過激性教育」「まるでアダルトショップのよう」と記事を掲載し、その後、都教委の指導主事たちは百数十点の教材の没収、教職員への一方的な聞き取り調査を行い、性教育（こころとからだの学習）の指導計画の一方的な変更を指導しました。

事は七生養護学校にととまらず、都立の盲・ろう・養護学校全校を調査し、教職員等１１６名に対して「処分」や「訓告」、「厳重注意」など処分が行われ、七生養護学校校長は停職・教諭への降任が決定。翌年3月には七生養護学校の全教員の３分の１もが異動となりました。この事件を契機に、全国的に性教育への統制が強まり、教育現場には自主規制や委縮が広がりました。

こうした不当な介入に対して、七生養護学校の教職員らは東京弁護士会に人権救済を申し立て、２００５年5月12日には、保護者2名をふくむ31名が原告となり、東京都・都教委、３都議、産経新聞社を被告として東京地裁に提訴しました。東京地裁（2009年3月12日判決）・東京高裁（2011年9月16日判決）でともに勝訴し、最高裁が不服申立をしりぞけ勝訴が確定しています（2013年11月28日決定）。「こころとからだの学習」裁判の最高裁決定では、教育委員会の権限について「教員の創意工夫の余地を奪うような細目にわたる支持命令等を行うことまでは許されない」と明示し、また学習指導要領についても「一言一句が拘束力すなわち法規としての効力を有することは困難」として、原判決が認めた現場教員の自由な裁量の正当性をより明確に示したのです。事件の経緯と裁判については、七生養護「ここから」裁判刊行員会編『かがやけ性教育！――最高裁も認めた「こころとからだの学習」』（つなん出版、2014年）などを参照ください。

3　国際的スタンダードにおける小学校高学年、中学校での学びの課題

避妊をどう位置づけるか

「改訂版ガイダンス」では、「キーコンセプト6：人間のからだと発達」「6・2　生殖」の「学習目標（9～12歳）」「学習者ができるようになること」として、「妊娠を確認する入手可能な検査方法を説明する（知識）」（翻訳書、132頁）という目標が提示されています。この目標の前提として「キーアイデア」で「妊娠には一般的な兆候があり、月経が来なかったり遅れたりしているときはできるだけ早く妊娠検査をして確認すべきである」（同132頁）ことがあげられています。

さらに「学習目標（12～15歳）」では、「学習者ができるようになること」として「妊娠は計画的にす

ることも、防ぐこともできると再認識する（知識）」「意図しない妊娠を今後どう防ぐかの計画を立てる（スキル）」という目標があげられています（同１３２頁）。ここで掲げられている課題は、まさに避妊に関する課題を示した内容になっています。しかも「どう防ぐのかの計画を立てる」課題まで具体化することが求められているのです。

「キーコンセプト8：性と生殖に関する健康」「8・1　妊娠、避妊」における「学習目標（9～12歳）」の「キーアイデア」では、「現代的避妊法は避妊や妊娠の計画を助ける」ことが明記されています。「学習者ができるようになること」では、「現代的避妊法やコンドーム、その他の意図しない妊娠を避ける方法に対する迷信を修正する（知識）」「性交をしないことが意図しない妊娠を防ぐ最も効果的な方法であることを説明する（知識）」「意図しない妊娠のリスクを下げるために、男性用と女性用コンドーム双方の正しい使い方の手順を説明する（知識）」などの課題が示されています（同１４６頁）。

これらの学習目標では、9～12歳（小学校高学年）で、避妊の科学的な理解と選択能力を形成し獲得する課題を明確に位置づけているのです。12～15歳ではさらに避妊に関して自覚的に行動選択の基準を考え、計画を立てる学びへと発展させることが問いかけられています。

「ガイダンス（初版）」においても、「レベル２（9～12歳）の学習目標」として「どのように妊娠するのか、どのように妊娠を避けることができるのかについて説明する。基本的な避妊方法について確認する」（初版翻訳書、１５３頁）が小学校高学年の課題として明示されています。

「避妊」を学んだら、子どもがセックスを自由に行うようになるなどという「寝た子を起こす」論が虚構であることを見抜き、「避妊」に関する「知識」「態度」「スキル」の学びが性的自己決定能力の形成のための国際的な共通認識であるといえます。

中絶をどう位置づけるか

先の自民党都議の質問のひとつの柱は、「中絶」のテーマは中学生ではなく高校の学習指導要領に位置づく内容であるから、中学で扱うことは「不適切な性教育の指導」であるという主張でした。

「改訂版ガイダンス」の「キーコンセプト8：性と生殖に関する健康」「8・1　妊娠、避妊」における「学習目標（15～18歳以上）」では、「危険な中絶は女性にも女子にも深刻な健康リスクを引き起こすことを理解する（知識）」（翻訳書、149頁）ことが課題としてあげられています。これは高校段階での学びの課題として掲げられています。

中学段階（12～15歳）では、「キーアイデア」として「若すぎる出産や短すぎる出産間隔には健康上のリスクがある」ことがあげられています。そのうえで「学習者ができるようになること」として「若すぎる出産の意味を明らかにし、それに付随する健康上のリスクを説明する（知識）」「出産間隔を空けることの利点を説明する（知識）」「妊娠を遅らせたり間隔を空けたりする重要性を認識する（態度）」「妊娠するかしないか、いつ妊娠するかについての選択を表明する（スキル）」（同148頁）ことなどが列挙されています。

人工妊娠中絶は、各国の法制度と宗教的バックボーンによって対応が異なります。アメリカ合衆国においても大統領選での選挙政策の大きな争点として、胎児の生命と権利を尊重するプロ・ライフ（pro-life）派と女性の性的自己決定権を重視するプロ・チョイス（pro-choice）派の対立があるくらい大きな意見の相違があります。

子どもの権利条約においてもその前文で「子どもの権利宣言において示されたように、『子どもは、身体的および精神的に未成熟であるため、出生前後に、適当な法的保護を含む特別の保護およびケアを必要とする』ことに留意し」（国際教育法研究会訳）などと、実定法的な規定が書かれている条文に明記されているのではなく、前文に子どもの権利宣言を引用する形で書かれているのです。したがって国際条約としての子どもの権利条約においても、中絶の可否は各国の法制度に任されているということができるのです。「改訂版ガイダンス」においても極めて慎重な表現でとどめているのが実際です。

4　テーマ主義と課題主義はどうちがうか

テーマと課題の定義の再確認

そもそも「テーマ」と「課題」とはどのような意味を持っているでしょうか。それを整理しておくことにします。

テーマ（theme）とは、辞典では「主題。題目。中心的課題」「行動や創作などの基調となる考え」などと用語の説明がされています。「テーマ」は「芸術作品において作者が主に伝えたいこと」をさします。それに対して、課題とは「『問題』を解決するための理想と現状とのギャップのこと」であり、『どのような点を改善すれば理想に近付けるのか』と考えていくうちに、具体的な課題を見つけられる」という説明がされています。

辞典でもかならずしも「テーマ」と「課題」に確定的な定義が与えられているようには見受けられませんが、こうした辞典や用語解説などを踏まえて、私なりの定義をしておきたいと思います。

テーマとは、主題のことであり、中心となる題目（標題）のことをいいます。課題とは、問題を解決するための具体的目標のことであると定義しておきます。こうした定義を踏まえて「主義」をつけたことで、「テーマ主義」とは、まずテーマありきで、この学年にはこの主題を教えるべき、このテーマはまだ早いということで制御する運営・実践上のスタンスという危険性と落とし穴を持っています。それに対して「課題主義」は発達上の課題や人生の成長過程で直面する課題に対して何を学ぶことが必要であるかを意識的に追究した創造的な実践と運営のスタンスです。

図表2では、10項目を立てて、テーマ主義と課題主義の比較をしています。基本的なスタンスとして、課題主義の立場から整理していますので、テーマ主義に対する評価は批判的に書いています。

基本的にどのようなテーマを取り上げて、どのような学びのポイントを整理するのかは性の学びにとって重要です。テーマ主義の落とし穴を知り、課題主義の必要性を確認する意味で、**図表2**を読んでいただきたいと思います。

図表2　性教育カリキュラムにおける「テーマ主義」と「課題主義」の比較

比較の論点	「テーマ」を重視した性教育実践	「課題」を重視した性教育実践
①実践の出発点・依拠する視点	性教育のテーマを学年・年齢ごとに配分したカリキュラムをもとにして、それに即して授業計画を立て、授業を構想することを基本とする。	地域や実際の子どもたちの性意識・性行動の実際を踏まえて、どのような課題があるのかを探求することで、授業実践と生活のかかわりを通して何を伝えたいかを構想することを基本とする。
②子ども観の特徴	性の科学的な知識が乏しい状態を“寝ている子どもたち”と捉えるという事実誤認の子ども認識が根底にあることで、科学的な性知識を獲得することが、子どもの行き過ぎた性行動を誘発し活発化することになると考える。したがって学習指導要領で指定されたテーマに基づいて性教育の内容を限定することになる。	科学的な知識を獲得することで、子どもたちは賢明な行動をとるための性的自己決定能力を形成し、性的な発達をはぐくんでいくことになると考える。したがって具体的な課題に即して学ぶことを通して、子どもは独自に主体形成をしていくことのできる発達的存在であると考える。
③「発達段階」の捉え方	研究分野では発達段階論がさまざまある中で、学習指導要領における発達段階、とくに性的発達段階は必ずしも整理された内容とはなっておらず、テーマに合わせた段階論を展開することで、発達を抑制する機能を果たすこともある。	性意識・性行動調査、子どもをめぐる性的現実、子どもの学びのニーズ、保護者の願いなどを踏まえて、「発達の最近接領域」を意識しながら、子どもを発達可能態として可能な限り最大限の発達を促進していくスタンスである。
④学習指導要領へのスタンス	学習指導要領や都道府県別に作成された「性教育の手引」で提示された内容以上を教えることには抑制的で禁止的なスタンスを基本としている。	学習指導要領や都道府県別に作成された「性教育の手引」の内容に関しては「教育課程の基準を大綱的に定めるもの」として捉え、「教育活動のさらなる充実を図っていく」スタンスである。

比較の論点	「テーマ」を重視した性教育実践	「課題」を重視した性教育実践
⑤“はどめ規定”に対する態度	学習指導要領では、例えば小学校5学年で「人の受精に至る過程は取り扱わないものとする」といういわゆる“はどめ規定”を設けることによって、教育実践を制限することは当然と考える。その規定を超える実践内容（テーマを扱うこと）に対しては“行き過ぎた性教育”として指導・調査・注意の対象とすることを容認する。	“はどめ規定”は子ども・生徒の性的発達や性的現実とはかみ合っていない規定であり、自由で創造的な発展を阻害し抑制する規定となっており、大綱的内容である学習指導要領に書き加えられる規定ではない。その合理的説明も一切されていないのが現状である。実践の創造的発展の足かせとなっている。
⑥現場実践の発展のさせ方	指定されたテーマの範囲で“はどめ規定”に抵触しないように注意をして、創意工夫をして展開する。実践者の眼差しは子どもだけでなく、教育委員会・管理職の指導に忖度する傾向を生み出す。	時代と子どもの事実・現実・真実を把握し、子どもの質問や疑問に正面から答えることを現場実践者が大切にし、何を伝えたいのかを自立的に考え、確信を持って実践化し発展させていく。
⑦「主体的で、対話的な深い学び」の観点から	指定したテーマの枠内で、学年に配置されたテーマを超える場合は､個別的指導（複数指導は可）ですすめることを基本と考えるため、学習指導要領で繰り返し強調される「主体的で対話的な深い学び」が、子どもたちのニーズから出発した学びの方向には向かわず、誘導的な管理へと傾斜する側面が大きい。	子どもたち自身が身を置く現代社会と性の人間関係をめぐる課題に着目して、子どもたちの体験とニーズに即して、自らの意見を対話的な関係の中で獲得することで深い学びのプロセスを歩む可能性を広げるスタンスである。「主体的で対話的な深い学び」を実現するのは、課題主義の中に見出すことができる。

比較の論点	「テーマ」を重視した性教育実践	「課題」を重視した性教育実践
⑧セクシュアル・リスク対応の観点	性教育のテーマは、具体的なリスクへの対応と回避ができることが重要であるが、たとえば中学生段階では「性行動」「避妊」「中絶」「性感染症」などのテーマはより具体的でなければならないところ、「中絶」は高校生段階に位置づけられており、中学生の現実とはかけ離れている。また「コンドーム」は学習指導要領の解説書で取り上げているのに、具体的な使い方を教えるスタンスは乏しい。テーマのこなし方は具体的であるべきである。	子どもの性的現実を踏まえて、多くの子どもたちが近いうちに直面する性行動の可能性（例えば中学生であれば性交経験や中絶を体験した生徒も少数だがいる）と社会的リスクを想定して、課題の共有に向けて、何をテーマとして取り上げ、性教育実践としてこなしていくのかを検討していくスタンスである。子どもたちのいまとこれから遭遇する具体的なリスクを直視することで、子どもたちに語る必要のある実践的なリスク・マネジメントを追究する。
⑨国際的スタンダードの視点から	子どもの性的リアリティと子どもの学びの要求から徹底して出発する国際的スタンダードから見れば、“テーマありき”から出発する性教育の考え方は、逆立ちした性教育の考え方・すすめ方ということになる。テーマを通して、どのような課題にアプローチしていくのかが問われるのである。	子どもと社会の現実に視点を当てて、そこから保護者や専門職などとの連携の中で性教育実践を構想し、具体的な課題から出発することが実践の基本的なすすめ方である。そのための性教育に関する専門性をもった教員を養成し確保することで環境整備をすすめることは国・行政の課題である。
⑩性教育の目的	学習指導要領や各種の「手引」の枠内で教えることが自己目的になっており、子どもたちや現代社会の具体的な課題にアプローチするという観点からは、相当な乖離がある。道徳教育を基盤にした性教育の内容では“いのちの教育”に収斂することになり、管理的抑制的な目的が重視される性教育に傾斜していくことになる。	子どもたちが自らのからだや健康、性行動などを捉えなおすセクシュアリティの視点を学ぶことを通して、自らの人生を主体的に生きる自己決定能力をはぐくむことをめざす。①性的な発達段階に即した学びの保障、②人生のさまざまな局面に対応できる性の学び、③豊かな共生社会の実現という目的の柱がある。

ています。

「②子ども観」の比較

図表2の10項目のうち、4項目について補足的な説明をしておきます。まずは「②子ども観」についてです。

性教育だけでなく、すべての教育実践において重要な柱は子ども観です。子ども観とは、子どもをどのような存在として捉えて、どのような関わり方をするのか、さらに教育とは何をめざすのかという目的論と深く関係する視線です。

抑制的な性教育の土台には、「寝た子を起こす」論に内在する子ども観があります。子どもは性的に無知な状態であるので、おとなや教師が必要な知識を吟味して伝えないと、自分勝手な行動をするようになるという、子どもの自立と判断能力の過小評価からくる子ども観が根強くあります。

たしかに、こうした子ども観➡「寝た子を起こす」論➡〝過激な性教育〟バッシングという論理的な流れがあるともいえますが、本質的には性的な自己決定能力の形成と科学・人権を骨格にした性教育に反対・攻撃するための論理として、「寝た子を起こす」論と子どもへの教育は強制力と方向づけが必要という論理が使われているということができます。

教育政策に大きな影響を与えている「日本会議」（1997年に結成された日本最大の改憲右派の統一戦線組織）の教育政策に、子ども観の特徴を見ることができます。「日本会議が目指すもの」として「特に行きすぎた権利偏重の教育、わが国の歴史を悪しざまに断罪する自虐的な歴史教育、ジェンダーフリー教育の横行は、次代をになう子供達のみずみずしい感性をマヒさせ、国への誇りや責任感を奪っています。かつて日本人には、自然を慈しみ、思いやりに富み、公共につくす意欲にあふれ、正義を尊び、勇気を重んじ、全体のために自制心や調和の心を働かせることのできるすばらしい徳性があると指摘されてきました」（http://www.nipponkaigi.org/about/mokuteki　２０２０年７月７日閲覧）。子どもの権利に対しては、「特に行きすぎた権利偏重の教育」や「ジェンダーフリー教育の横行」によって子どもがわがままになる、日本人としての自覚を蔑《ないがし》ろにするなどと、極めて否定的な主張が繰り返されています。

テーマを学年別に配置し限定することで、子どもの現実や課題に即して教えることに歯止めをかけている現実があります。そのひとつの政治的表れが都議会での自民党都議の質問であったということができます。

それに対して課題主義は、子どもを発達可能態として捉えて、子どもの性意識・性行動、子ども集団や地域の性的環境、社会の性をめぐる情報などの現実を踏まえて、子どもたちの性的発達と人生におけるさまざまな性的な場面に対応できるちからをはぐくむことをめざしています。子どもは学びを通して主体形成をしていく発達的存在であるという子ども観に依拠しているのです。

「③『発達段階』の捉え方」の比較

２０００年前後からの性教育バッシングのひとつは、「発達段階を踏まえて（に即して）」性教育は展開されるべきであって、「性交」「自慰」などをテーマにすることは〝過激な性教育〟であり、子どもたちを洗脳する革命思想であるなどという論理で攻撃してきました。そうした攻撃を政治問題化させていくのは、自民党の「過激な性教育・ジェンダーフリー教育実態調査プロジェクトチーム」(2005年発足、座長は当時の自民党幹事長であった安倍晋三衆議院議員、事務局長は山谷えり子参議院議員)が国会質問などで取り上げてきたことがあります。

加えて、高橋史朗(現・麗澤大学大学院特任教授)、マスコミでは産経新聞、週刊新潮などがバッシング側に立ち論陣を張りました。その象徴的で最も露骨な教育現場への介入が、先にも触れた2003年7月に起こった「七生養護学校事件」でした。暴力的権力的な介入事件は、裁判(「こころとからだの学習」裁判)で争われ、地裁、高裁、最高裁ですべて都教委と3都議の行為が断罪されたのでした(本書69~70頁の注を参照ください)。

「発達段階」について、例えば東京都教育委員会の通知で「児童・生徒の発達段階を十分に踏まえない内容の授業が行われている状況があります」(東京都教育庁指導部長通知「学校における性教育の指導について」2003年12月18日)などの使い方がされてきました。しかし発達段階論が提示され、それを踏まえたうえで問題があると主張してきたわけではありません。「発達段階を踏まえて(に即して)」を前面に出して、〝不適切〟や〝行き過ぎ〟などと指摘するわけですが、結局は、学習指導要領の学年別テーマとして書かれていないため、実践内容から〝逸脱〟しているというだけの堂々巡りに終始しているにすぎないのです。教育現場を管理するための論理であって、子どもの性的発達を保障しようという論議はけっしてされていないのです(浅井春夫『子どもの性的発達論「入門」』十月舎、2005年、3頁)。

具体的なテーマを学年別に提示することで、それ以上のテーマは性教育で取り上げてはならないとして、実践的な制約をかけるのがテーマ主義の決定的な問題点です。本来、テーマは柔軟で創造的なめやすであるべきと考えています。発達段階にはさまざまな理論があり、性的発達論に関しては確定的な理論が整理されているとはいえません。そうした理論的な現状があるのに、「発達段階に即していない」を枕詞のようにバッシングの「論拠」にしてきたのですが、「改訂版ガイダンス」を見ても、子どもたちの性的現状を踏まえて、何を伝えていくのかが基本的スタンスとして求められています。

その点では課題主義は、発達可能態としての子どもの存在を捉えて、性教育実践を構想していくスタンスとなっています。

「⑥現場実践の発展のさせ方」の比較

現場実践の創造性において、テーマ主義は学習指導要領や管轄の教育委員会の「性教育の手引」が示した学年別の学習テーマに依拠して、授業を展開することが基本となります。

そのテーマを通して何を教え、子どもたちに何を学んでもらいたいのかという、直截《ちょくせつ》にいえば、テーマに込めた教師・授業者自身の問題意識が問い直されているのではないかと考えています。

テーマ主義の落とし穴となりやすいのは、この学年にはこのテーマを教えれば終わりといったスケジュールをこなすことに終始してしまう、ルーティーンワーク化する傾向が発生しやすいところです。さらに問題は、授業でテーマをこなすことにばかり意識がとらわれると、子どもたちのリアルな現実から結果的に目を背けてしまうことになりやすいという点です。それは、子どもたちに本当に伝えたい課題を、実践者が見失うことにもつながっていく決定的な問題でもあります。

テーマを設定すること自体がこうした問題傾向を必ず引き起こすということではなく、なぜ、何のためにこのテーマを子どもたちに伝え、一緒に論議したいのかを不断に問い直さないと、現状追認主義で、上からの指示には何でも従うことになり、ひいては現場人の魂を失うことにもなるのではないかというのが、私の率直な意見です。それは**図表2**に記したように、「実践者の眼差しは子どもだけでなく、教育委員会・管理職の指導に忖度する傾向を生み出す」ことになっていないかという危惧でもあります。教育現場の状況はそうした傾向が全体として強くなっているというと、いい過ぎでしょうか。

課題主義は、子どものリアリティを徹底して追究することを出発点に、子どもの声や問いかけ、時には問題行動を通して、そこに内在している課題を追究することを強く意識するスタンスです。子どもたちの現実に日常的に接し対話することを通して、課題主義の姿勢が一貫した内容となります。それは、性教育実践の必要性と子どもの声と現実から出発する性教育の姿勢が貫かれた実践のあり方ということができます。教科書もない分野である性教育では、課題にチャレンジするスタンスこそが実践に求められる基本姿勢といえるのではないでしょうか。

「⑩性教育の目的」の比較

現在の性教育政策なるものが一定の体系性を持っているとすれば、その政策意思は、道徳教育に従属したものとして性教育を位置づける点にあるといえます。テーマ主義の立場の根幹にあるのは、〝いのちの教育〟です。学習指導要領においては、道徳は「学校の教育活動全体を通じて行う道徳教育（の要である道徳科）」（文部科学省『小学校学習指導要領（平成29年告示）』「第3章　特別の教科　道徳」、１６５頁）として位置づけられています。

テーマ主義における性教育は、子ども・青年の性行動を抑制するところに大きな力点があり、その抑制の上限を枠づけるもととして、各テーマを配列しているという面があります。

課題主義に基づいた性教育の目的論は、おとなや社会に方向づけられた性行動や特定の価値観の注入ではなく、人間のセクシュアリティの包括的な視点を学ぶことを通して、自らの人生を主体的に生きる自己決定能力をはぐくむことです。その柱は、**図表2**にあるように、①性的な発達段階に即した学びの保障、②人生のさまざまな局面に対応できる性の学びの保障、③個人の尊厳が尊重される、豊かな共生社会の実現という目的の柱があります。

戦前からの性に関する教え込みは、子ども・青年を管理し方向づける点にその目的と特徴がありましたが、戦後においても、そうした内容が基本に据えられてきたといわざるをえません。いまあらためて、性教育は何のために、誰のために必要なのかを検討することが必要になっています。

性教育の目的は、その時代の性をめぐる政策のあり方、さらにストレートにいえば政治の基本的な考え方に左右されてきたのが実際です。その点に関して、次章では、わが国の戦後直後から、現在に至る性教育政策を概観する中で、青少年の性の捉え方と性教育のあり方について考えてみることにしましょう。

第3章 〝青少年の性〟はどう捉えられてきたか
——戦後日本の性教育政策と国際的スタンダード

わが国の性教育政策は、子どもたちの性意識・性行動の現実と国際的なスタンダード（標準：判断のよりどころや行動の目安となるもの）から〝逸脱〟といっていいほどかけ離れている現状があります。世界の性教育が子どものリアルな現状と問いから出発し、具体的な学びの要求に応える実践内容として創られているのに対して、日本の場合は〝学習指導要領ありき〟の発想で、いわゆる〝はどめ規定〟によって制限を加えている点で、根本的なちがいがあります。

文部科学省の「学習指導要領」や自治体における「性教育の手引」などに見られるのは、性教育の対象論としての子どもの現実や課題（解決すべき問題）から出発するのではなく、おとなたちが考える子ども像に矮小化されている点です。それは子ども観の一面的な捉え方であり、道徳主義的な性的自律を強調する内容になっています。したがって、その性教育の政策の根底に流れている考え方は「性教育が寝た子を起こす」ことになるという思い込みと虚構です。この点はいくつもの国際的な調査研究で確認され共有されている認識です。

国レベルの性教育政策が形成される要素として、①子どもの性意識・性行動の現状、②その時代の性情報と性的環境、③性に関する社会的問題の発生状況、④性教育政策の立案者・行政担当者・教育関係者などが青少年の性をいかに捉えているのか、そのうえで⑤どのような性的判断能力をはぐくみたいと考えているのか、などをあげることができます。

本章では、わが国の戦後の性教育政策の根底に流れている〝青少年の性〟を政策形成の主体がどのように捉えてきたのかを概説し、今後の性教育の展望を探ってみます。

1　戦後のGHQの性をめぐる政策
――性病管理政策と禁欲強制政策

戦後のGHQ（連合国軍最高司令官総司令部）占領期（敗戦から1952年4月のサンフランシスコ講和条約発効までの期間）に、GHQの公衆衛生福祉局（PHW）の管理のもとで文部省がすすめた「純潔教育」は性風俗対策、性病対策の一環として位置づけられていました。

40万人の占領軍上陸を2週間後に控え、日本の戦争指導者がもっとも恐れたことは、米軍兵士による性犯罪でした。そして「性の防波堤」と位置づけられたのが「国策売春組織」、すなわち「特殊慰安施設協会（RAA）」だったのです。そこで従事する女性たちは総計5万3000人〜5万5000人といわれています。外務省・内務省・大蔵省・運輸省・東京都・警視庁などの主要官庁がこぞって協力し、まず着手したのが慰安所の開設でした。進駐軍将兵にとって、「慰安」の中身はセックス対策だったのです（坂口勇造編・発行『R・A・A協会沿革誌』１９４９年）。「特殊慰安施設協会」は１９４５年８月26日に開設、翌46年３月26日に閉鎖、７か月余りで解散しました。

わが国における戦後の性政策の出発点は、性病の蔓延や「風紀の乱れ」に直面したアメリカ占領下の日本政府が性病管理、とくに米軍兵士の性病（VD：venereal disease）対策を主眼にして、「性の防波堤」としての役割を大義名分としたことでしたが、「特殊慰安施設協会」の開設以降も、米軍兵士の日本女性への性暴力は頻発していました。さらに閉鎖されると、従事していた女性たちが保護政策もなく社会に投げ出されたことで、「街娼《がいしょう》」（街頭で性売を行う者）が急増したのです（住本利男『占領秘録』中公文庫、１９８８年、１３２～１４２頁）。

こうした時代背景のもとで、「純潔教育をとりあげた経緯」（「Ｉ　純潔教育に関する施策の沿革」文部省社会教育局『社会教育における純潔教育の概況』１９６７年、１頁）によれば、１９４６年11月14日に行われた次官会議の決定事項である「純潔教育」の目的について、「正しい男女間の交際や性道徳の確立を図るとともに、職場その他社会における健全な文化活動の振興を通じ、青年男女の教養、趣味、娯楽の向上を図ることにおかれている」ことが明記されています。１９４７年１月の通知「純潔教育の実施について」では、「同等の人格として生活し行動する男女の間の道徳秩序をうちたてることが新日本建設の重要な基礎である」と述べられています。

ＧＨＱの性政策の柱は、性病予防策を軸としながら、禁欲政策を併せた両面作戦でした。「禁欲政策の目標は、米軍将兵の性病罹患率を減少させるために教育やレクリエーション活動を通して兵士の買春行為を抑制することであった」といえます（奥田暁子「ＧＨＱの性政策――性病管理か禁欲政策か」恵泉女学園大学平和文化研究所編『占領と性』インパクト出版会、２００７年、32頁）。しかし「結局、性病管理政策にしても禁欲政策にしても、占領軍の性政策は失敗した」（前掲、39頁）というのが妥当な評価といえます。

ここでいう「純潔教育」は性の道徳教育そのものです。その柱は、①性病予防を眼目とした内容であって問題を起こさせない自制を強調するものであり、②その教育対象は男女間の道徳秩序の形成が掲げられていますが、主要には女性の「性の乱れ」に対する「自律」に焦点が当てられており、③自律の欠如を自己責任論に収斂させていくという特徴があります。戦後の教育改革において、優先された課題は道徳教育でした。それは戦前の教育の骨格であった「教育勅語」と「修身科」を中心とする道徳教育を継続する内容となっていました。

2　戦後の性教育政策の変遷

文部省『学制百二十年史』（「第三編」「第三章　初等中等教育」「一　戦後の道徳教育の経緯」１９９２年）によれば、「戦後、学校における道徳教育は、社会科をはじめ各教科その他教育活動の全体を通じて行うこととされていたが、必ずしも所期の効果をあげているとは言えなかった。このため昭和三十三（１９５８――浅井）年に教育課程の改訂に当たり、学校の教育活動全体を通じて行う道徳教育を補充・深化・統合するための時間として、小・中学校の教育課程の一領域としての『道徳の時間』を特設した」という経緯があります。文部省が道徳教育に期待していたような効果があがらない中で、「純潔教育」が道徳教育の目的と内容の一翼を担うことを期待されたのです。「修身」なき戦後社会の中で、道徳心の形成が求められた歴史的な局面であったといえます。

問題は「道徳心」の中身が政策主体の対象認識と課題意識によって、道徳教育の目的と教育内容が規定されたことです。戦後直後の「風紀の乱れ」に対して、個々人の道徳心の確立によって社会状況の立て直しを図ろうとしたのです。道徳心の確立という方針の中核にあるのは「禁欲」のモラルであり、それは占領期の性を売る女性たちを「自律できない堕落した人々」と捉えたことによります。こうした方針に深くかかわった山室民子（青少年教育の一環として「純潔教育」を推進した文部省の主要人物）が少なくない影響を与えています。山室の宗教的バックボーンであるピューリタニズム（キリスト教のピューリタンの思想で潔癖・厳正主義が根底にある）が「純潔教育」施策に大きな影響を与えたのが実際です。

戦後の「性教育」は一貫して道徳教育の範疇で考えられてきました。その道徳教育は女性に向けられており、月経教育と女性の性行動の抑制学習という、いわば〝オンナ型〟（対象を女性に限定した抑制的管理的内容）の性教育〟として展開され、男性たちはそうした教育対象から外され、ジェンダーの視点から自らの性を捉えなおす学びからも置き去りにされてきました。その意味で男性たちは長く性教育の学びからは遠ざけられてきたのです。

『社会教育における純潔教育の概況』「Ⅱ　社会教育における純潔教育の現状——青少年教育」には、青少年の純潔教育の内容として、青少年団体が行う集会、旅行、キャンプ、スポーツ、レクリエーションなどがあげられています。こうした青少年プログラムが「精力にも好奇心にも満ちている青少年に、正当なはけ口を与える」（山室民子「純潔教育について」『家庭科教育』27巻2号、家政教育社、１９５３年2月、10頁）ことに重点が置かれてきました。

こうした純潔教育という名称が「性教育」という呼び方に変わっても、本質的な内容は変わっていません。文部省「中・高生徒の性教育の根本方針（案）」では、「1、……性教育の基本は、生徒に性に関する知識を与えるというよりは、おう盛な活力、精力（エネルギー）を健全な方向に向けてやるような興味深い経験（スポーツ、広はんなレクリエーション活動等）を与えるようにすること、2、生徒の生理的成熟、発達には著しい個人差があることから、個別的指導が本体であること、3、性に関する知識（正しい健全な）を与えることは性教育全体からみるとほんの一部である」ことなどが記述されており、さらに「いたずらに新しい知識を与えることは、生徒の好奇心をしげきすることになる」（『時事教育年鑑１９５３年版』時事教育通信社、１９５２年、２８６頁の「純潔教育」の項で紹介。漢字への未変換などはママ）ことが述べられています。このような「性教育の根本方針」を見ても、占領期の「純潔教育」の基本的な方向性が現在までの性教育政策の底流にあるといわざるをえないのです。

つまり、教育政策側は青少年の性に対して、在学中、学校内で問題を起こさせない指導に力点をおき、基本的に「寝た子を起こす」論に依拠しており、今日の抑制的な性教育論の流れが政策側に脈々と流れていることを見ることができます。青少年の性への対応は、一方で問題行動につながる性のエネルギーをスポーツや文化活動で発散させ、もう一方で禁欲強調の道徳教育を軸に性行動を抑制するという二段構えの管理教育の推進だったのです。青少年の性の実態からいかに遊離しているのかを踏まえて、性教育のあり方を問うことがなされなかったのが実際です。

3　文部科学省「学習指導要領」における青少年の性の捉え方

現在の「学習指導要領」について見ると、小学校第5学年の理科において、「B　生命・地球」の項で「人の受精に至る過程は取り扱わないものとする」（文部科学省『小学校学習指導要領（平成29年告示）』、105頁）、さらに中学校保健体育（第3学年）では、「妊娠や出産が可能となるような成熟が始まるという観点から、受精・妊娠を取り扱うものとし、妊娠の経過は取り扱わないものとする」（文部科学省『中学校学習指導要領（平成29年告示）』、129頁）といういわゆる〝はどめ規定〟が存在しています。「性交」というテーマを排除する青少年の性の捉え方の背景には「寝た子を起こす」論があるということができます。同時に、青少年の性を管理・抑制するための論理として「寝た子を起こす」論を創作してきたということのほうが本質的であるといえます。

しかし学習指導要領を読めば、本質的に〝はどめ規定〟は存在する必要はないはずです。「学習指導要領」とは「教育課程の基準を大綱的に定めるもの」であり、「公の性質を有する学校における教育水準を全国的に確保する」ためのものです。「また、各学校がその特色を生かして創意工夫を重ね、長年にわたり積み重ねられてきた教育実践や学術研究の蓄積を生かしながら、生徒や地域の現状や課題を捉え、家庭や地域社会と協力して、学習指導要領を踏まえた教育活動の更なる充実を図っていくことも重要である」（『中学校学習指導要領（平成29年告示）』、17頁）と述べられています。

学習指導要領は、教育課程の基準を大綱化したものであり、その点を基本として「学習指導要領を踏まえた教育活動の更なる充実を図っていく」という性格を持っています。「いわゆる『はどめ規定』は、これらの発展的な内容を教えてはならないという趣旨ではなく、すべての子どもに共通に指導するべき事項ではないという趣旨であるが、この点の周知が不十分であり、趣旨が分かりにくいため、記述の仕方を改める必要がある」（文部科学省「幼稚園、小学校、中学校、高等学校及び特別支援学校の学習指導要領等の改善について（答申）」平成20年1月17日）ことが提起されています。この文言の意味は、すべての子どもに共通して指導することができる事項・課題でなくても、「特に必要がある場合には」十分に事前準備をしたうえで教えることができると解釈すべきものです。

学校における「性教育」に関する名称の戦後の変遷を箇条書き的に整理しておくと、次のようになります。

①1947年1月：文部省社会教育局長通知「純潔教育の実施について」
②47年：文部省「学校体育指導要綱」高校の「衛生」には「性教育」を使用
③49年：「純潔教育基本要項」
④49年：中学校保健計画実施要項（試案）「性教育」
⑤51年：小学校保健計画実施要項（試案）「性教育」
⑥55年：純潔教育の進め方（試案）
⑦58年：学習指導要領では性に関する指導は各教科でのとりくみと生徒指導での分散型方式を提示し「性教育」を使用

⑧70年：学習指導要領改訂では性教育という用語は使用されていない
⑨72年：文部省社会教育局長通達で「純潔教育」を「性に関する指導」に変更
⑩86年3月：「生徒指導における性に関する指導──中学校・高等学校編」の作成では「性に関する指導」
⑪99年8月：文部科学省「学校における性教育の考え方・進め方」で「性教育」を使用。

これ以降は基本的に「性教育」の名称を公的には使用しています。

基本的に社会教育局サイドでは「純潔教育」「性に関する指導」が使われており、教科教育においては「性教育」が使用されています。文部（科学）省内における単なる用語使用のブレに止まらず、性教育の目的論、対象論、学校運営論のレベルで基本方針が確立していないことの反映でもあるのです。

とくに学習指導要領におけるいわゆる〝はどめ規定〟がさしたる合理性のある説明がされないままに、〝発達段階を踏まえて〟という枕詞とセットで教育委員会などが指導することによって、学年別に配置されたテーマ以外を扱えば学習指導要領を逸脱した授業として指弾される現実もあります。結局のところ、当該学年にない学習テーマに授業で取り組むことに制限をかけることになっています。そして、その根拠は学習指導要領に位置づいていないので逸脱であるという、堂々巡りの説明に終始しているのです。その点で「寝た子を起こす」論が一貫して性教育抑制の論拠として機能しています。

東京都教育委員会の「性教育の手引」（2019年3月刊）では、大上段に〝はどめ規定〟の文言を使ってはいませんが、子どもたちの課題として必要な科学的な性教育実践に対していくつもの〝はどめ措置〟のしくみが用意されていることに注意を喚起しておきます（本書第6章を参照ください）。

4　世界の性教育は青少年をどう捉えなおしてきたか

世界の大きな流れとして、性（セクシュアリティ）は基本的人権そのものであり、性教育・性の学びは人権教育の重要な柱になることが共有されてきました。「改訂版ガイダンス」では、「人権的アプローチ」として、包括的性教育が、人権つまりは質の高い健康、教育、情報を享受する権利などを基盤にして構想されており、そのひとつの柱に、若者が性に関して、強制や暴力から解放された安全な環境のもとで、お互いを尊重することができる責任ある選択をする権利があります。もうひとつの柱は、自らを効果的に守るために若者が必要な情報にアクセスする権利です。人権教育としての性教育をすすめることは、現代社会の不可欠の課題となっています。

性教育における世界の主流は、包括的性教育です。包括的性教育の青少年の性の捉え方は、子どもの権利条約前文にある「人格の全面的かつ調和のとれた発達」像を土台に、「十分に社会の中で個人としての生活を送れる」自立能力の形成と「とくに平和、尊厳、寛容、自由、平等および連帯の精神」のもとで共生能力をはぐくむというものです（条約の引用は国際教育法研究会訳より）。包括的性教育では、①乳幼児期からすべての人を対象に、②性的発達のすべての局面に活かされること、③さまざまな共生関係をはぐくむこと、などが課題になります。子どもたちが、科学と人権の視点で性を学ぶことを通して、賢明な判断能力を形成することをめざしており、子どもを主権者として自らの未来を切り拓くちからを持った存在であると捉えているのです。

わが国の性教育は依然として、純潔強制教育や性の恐怖・脅し教育、抑制的性教育の段階で足踏みしているのが実際です。政策側やおとなたちが想定した人生の枠組みの中で取り上げた諸課題に限定した教育プログラムではなく、青少年が抱えるリアルな課題から出発することで、何をどのように授業で取り上げるべきかを子どものニーズを基礎に性教育実践をすすめる方向が国際的に提示されています。わが国の性教育のあり方を「国際セクシュアリティ教育ガイダンス」（初版：２００９年、改訂版：２０１８年１月）を活かすことを通して発展させていきたいものです。

第Ⅱ部　包括的性教育をすすめる

第4章 乳幼児期に包括的性教育をすすめる
――人生のはじめだからこそ偏見のない性の学びを

①男の子の性器は〝おちんちん〟ですが、女の子の性器はどんな呼び方をしてますか？
②赤ちゃんはどこから生まれるの？　と聞かれたら、どう答えますか？
③男の子・女の子が〝性器タッチ〟をしていたら、どんな声かけをしますか？
④〝ボッキ〟〝セックス〟〝キス〟などの性用語を使っていたら、どんな声かけをしますか？
⑤男の子がスカートをはきたいといってきたら、あなたはどうしますか？

さて、あなたはこの5つの問いに、どんな答え方をするでしょうか。保育園や幼稚園でこうした問いが子どもから発せられたら、保育者はどんな対応をすることになるでしょうか。いずれもよくある質問ですが、その場面でさっと答えるのは意外と難しい質問です。

ところであなたは、あなた自身の〝性（セクシュアリティ）〟との出会いの記憶をどこまでさかのぼることができますか？　そのときの出会いが現在の自分の性の考え方に影響をしていることもあるでしょう。

その後の人生の中で、自らの性、社会の中の性をどう考え、どのように性的自己決定がなされたのでしょうか。あるいは保育者として、子どもたちの性をどう考えてきたでしょうか。

性教育とは実践主体側からの用語であり、子どもとともに創る協同のプロセスをいいます。性の学びは学習者の立ち位置からの用語であり、性教育は子どもの視点を基盤にして創造していく実践領域です。ことばとおとなのジェンダー意識（社会的文化的につくられた性差のことで、男の子は男らしく、女の子は女らしくに代表されるような考え方）を通して刷り込まれる偏見と、社会がつくっている〝フツー意識〟〝当たり前感覚〟が子どもたちの考え方に影響をしているのです。

そうした現実を踏まえて、子どもたちの発達の土台には、一人ひとりのしあわせを大切にする視点を獲得することで、常識や思い込み、偏見などの多数派の考え方に抗して、子ども自身がどのような発達をしていくのか、それが大事にしたい視点です。そのためには社会がつくり出した考え方をそのままに受け継ぎ、鵜呑みにしていくのではなく、批判的に考えるちからを形成することが必要になっています。

人間は学ぶことを通して発達していく存在であり、人格の形成をめざすことができるのです。「学習権なくしては、人間的発達はありえない」（ユネスコ学習権宣言、１９８５年）のです。とくにジェンダーとセクシュアリティの学びを、人生のはじめから保障していく課題に着目したいと思います。

1　なぜ〝乳幼児の性〟は保育・子育ての中でエアポケットだったのか

性教育はなぜ保育・子育ての必要不可欠の課題とされてこなかったのか

では、なぜ保育・子育ての中で性の学びは必要な課題として認識されてこなかったのでしょうか。その点に関して、第一に、「寝た子を起こす」論という事実誤認の情報が政策的に発信されてきた歴史があり、また、幼児期に性は無関係という誤った認識が根底にあります。国際的に確認されていることは、そもそも性の科学的な学びは問題行動につながるわけではけっしてありません。

第二に、保育学、保育・幼児教育などにおける性的発達・セクシュアリティ（その人らしい性のあり方）に関する研究の欠如をあげておきます。保育研究運動において乳幼児の性的発達についての軽視、つまり子どもを丸ごと理解するという視点に立てば、基本的な落ちこぼしがあったということになります。自らのからだ観と性的発達をどうはぐくみ形成していくのかについての学びは、乳幼児保育においても今後の重要な課題です。性の学びの少なさは保育者養成課程におけるエアポケットになっています。

第三として、ジェンダー研究が保育・幼児教育・子育て分野まで届いていなかったという現実があります。子育て・家事の女性役割固定化論への問題提起がないだけでなく、刷り込みさえ強化される学びの傾向もあったといえます。率直にいえば、模倣あそびがジェンダーを刷り込む側面を色濃く持っていたという点も問い直してみたい課題です。

第四として、保育・幼児教育関係の研究団体・運動団体においても本格的に乳幼児の性と性教育に関して研究課題として取り組めていなかった面があります。

今後の課題のひとつとして、全国的な研究集会やセミナーなどで、乳幼児の性と性教育についての講座や分科会の設置が求められています。

保育・幼児教育実践と子ども研究において性の学びはなぜエアポケットだったのか

第一として、子どもの総合的な発達保障の観点から落ちこぼされてきた「乳幼児の性的発達」は大きな課題ですが、残念ながら人生はじめの発達課題として位置づけられてこなかったのが実際です。

第二として、性的発達のめばえ・具体的な現われを見落とし、拾いあげて実践の課題としてこなかったことがあります。保育実践の研究のあり方として性的人格の形成の課題が視野に置かれるまでに至ってなかったといえます。

第三に、保育・幼児教育の場が、伝統的性別役割分業の実態にあり、ジェンダー平等や人間の性に関する問題意識が希薄な状況にあったことも否めません。

いまこそ保育分野の実践と研究のエアポケットを克服すべき時期にあるといえます。

では、乳幼児期に必要なからだと性の学びとはどのようなものでしょうか。

第一に、からだや性への偏見が少ないときにこそ、性に関する知識・態度・スキルなどの性の基礎的認識の形成を大事にすべきではないでしょうか。

第二に、関係形成・コミュニケーションをとるうえでも、まずは自分自身を知る「じぶん学習」が必要となっています。

第三に、自分を大切にするためには、具体的な「からだの学習」が必要で、からだのどこにも名称があることの理解とともに、からだの各部位の機能を知ることが必要です。「自分を大切にしようね」というメッセージを伝えるには、まずはからだの学習をはじめることが乳幼児期の課題です。

第四に、人生はじめの時期だからこそからだをよく知り、からだの権利を学び、からだへの敬意を体得する。そうした学びを通して、他者の権利や尊厳に敬意を持つことのできるちからの形成が求められているのです。

そもそも子どもの学びたいという発達要求に応える専門職の課題を見定めることが求められています。

2　乳幼児の性をめぐるさまざまな課題

乳幼児の性をめぐる課題について、箇条書き的に列挙しておきます。これらの課題の具体的内容に関しては、浅井春夫『性のおはなしQ&A――幼児・学童に伝えたい30のこと』（エイデル研究所、２０２０年）、浅井春夫・艮香織監修『親子で話そう！　性教育』（朝日新聞出版、２０２０年）、浅井春夫・艮香織監修『4歳からの性教育の絵本　コウノトリがはこんだんじゃないよ！』（アメリカとイギリスで人気の絵本、子どもの未来社、２０２０年）などを参考にしてください。

性のおはなしＱ＆Ａ
――幼児・学童に伝えたい30のこと

浅井春夫 著
エイデル研究所
2020年

親子で話そう！　性教育

浅井春夫・艮香織監修
朝日新聞出版
2020年

4歳からの性教育の絵本
コウノトリがはこんだんじゃないよ！

浅井春夫・艮香織監修
子どもの未来社
2020年

（１）性教育をすすめる基本問題

①「乳幼児期に性教育・性の学びは必要ない」という意見に対して、何を語るか？
②排泄の援助に関する性器ケアについて必要なことは何？　その際、幼児のプライバシー尊重のあり方は？
③男性保育士の排泄ケアを嫌がる保護者にどう説明するか？
④性器の名称をどう呼ぶか？――さまざまな呼び方のメリット・デメリット

⑤保育者の胸やからだを触ってくる子どもにどう対応するか?

（2）「からだ」に関する課題

①「からだの権利」について学ぶ——性器を触っている子どもへの視線のあり方。からだの尊厳と、性被害防止と「プライベートパーツ」の伝え方

②「おちんちん」に対して、女の子の性器の名称は?

③睾丸、肛門、尿道口、膣などをどう説明するか?——幼児に教えるのはまだ早い?

④女の子の排泄器（尿道口）のふき方をどう教えるか?

⑤勃起についてどう説明するか?

⑥着替えの環境を検討する——男女一緒?　男女の分離?

（3）「いのち」に関する課題

①出生・出産に関する学び方——お母さんへの感謝だけでなく、出生のしくみの学び

②生と死の学びはどうあるべきか?——幼児期の認識からどう展開できるか?

③「いのちって、どこにあるの?」と聞かれたら、どう答えるか?

④いのちの誕生における父親の存在をどう説明するか?——お母さんから生まれて、お父さんに似てる?

⑤「ワタシも大きくなったら、赤ちゃんを産むの?」と聞かれたらどう答えるか?

⑥子ども自身の名前について学び合う

（４）「性行動」に関する課題

①覚えたての性用語を使っていることに対してどう対応するか？
②「子どもはキスしてはいけないの？」という質問にどう答えるか？
③「セックスってなあに？」という質問に対してどう答えるか？
④「お父さんとお母さんもセックスするの？」に対してどう答えるか？
⑤人が嫌がることについての学び――自らが嫌なことも考える
⑥性的虐待・性被害について学び、助けの求め方のトレーニング

（５）「性の多様性」「関係性」（ジェンダー・家族など）に関する課題

①家族と愛情についてどう説明するか？――家族の多様化という現実を踏まえて
②父母の離婚を体験した子どもへの援助と語りかけ
③スカートがはきたいという男の子に対して、どんな声かけをするか？
④遊びの中の男女分離を考える――「おんなはあっち行け～！」にどういう言葉かけをするか？
⑤ことばの中のジェンダーを考える――男ことば、女ことばを使うことに対して
⑥同性愛への偏見と刷り込みに対して――「〝オカマ〟ってなに？」に対して
⑦ともだちの意味を考える――よいともだちといやなともだちについて

⑧嫌なことはいや！　と言える自己表現を学ぶ

（6）「社会関係」に関する課題

①性犯罪・性的虐待の加害者の存在と子どもが自らを守るちからの形成
②障がいについてどう伝えていくか？
③いじめをどう考え、どのように対処できるか？――男の子のいじめ行為の発達上の意味
④子どもポルノについてどう伝えるか？――性的虐待・「小児性愛」に関連して
⑤テレビや動画で扱われている社会問題の取り上げ方――例えばホームレスをどう説明するか？

（7）「性教育」に関する課題

①乳幼児期の子どもの性的現実（例えばインターネットとの接触状況）と性的発達の課題をどう見るか？
②幼児期の性教育をすすめるうえで、大切な課題とテーマについて
③乳幼児期の性教育実践の優先すべきポイントは何か？
④乳幼児の性教育実践者に求められるちからとは何か？
⑤保護者との課題の共有のあり方
⑥幼児期の性教育をすすめるうえでの専門機関等とのネットワークの作り方

3　乳幼児期でも世界のスタンダードは「包括的性教育」

何度も繰り返しますが、包括的性教育とは、①乳幼児期からのすべての人を対象に、②人生と性的発達のすべての局面に、③さまざまな共生をはぐくむことを目的に、具体化される性教育実践のことをいいます。「包括的」とは、人生を歩むうえであらゆる局面に対応できることをめざして、深い学習と繰り返しの継続的な学習に支えられていることをいいます。

ＷＨＯ欧州地域事務所（53か国が加盟）を中軸に、２０１０年に「ヨーロッパにおけるセクシュアリティ教育スタンダード」が提示されました。この「スタンダード」の特徴のひとつは、０歳から6歳までの性教育の課題をもフォローしている点にあります。

「総体的セクシュアリティ教育（Holistic Sexuality Education：HSE）」という概念は、ヨーロッパ・スタンダードの中で、セクシュアリティ教育の新しい区分として示されたものです。０歳からはじまる５つの発達段階が示されています。そこでは「発見と探求」の段階（0～1歳と2～3歳）、「規則の学習、あそびと友だち関係」（4～6歳）、「恥ずかしさと初恋」（7～9歳）、「前思春期と思春期」（10～11歳と12～15歳）、「おとな期への変わり目」（16歳～18歳）と分類されています。

総体的セクシュアリティ教育の目的は、以下の通りに掲げられています（森脇裕美子「欧州におけるセクシュアリティ教育充実への取組み」『現代性教育研究ジャーナル』No.15、２０１２年6月、6頁）。

1. セクシュアリティ、多様なライフスタイルと態度、価値観に対して、寛容で、解放的で、責任のある社会環境に貢献する。
2. 性的多様性とジェンダーの違いを尊重し、性的アイデンティティとジェンダー役割に気づく。
3. 自己とそのパートナーに対して、理解を根拠として情報に基づく選択をし、責任を持って行動する能力を付与する。
4. 特にセクシュアリティに関して、人間の身体、その発達と機能について気付き、知識を持つ。
5. 性的な存在として発達できること、即ち、感情とニーズを表現すること、快い方法でセクシュアリティを経験すること、自己のジェンダー役割と性的アイデンティティを発達させることを学ぶ。
6. セクシュアリティ、避妊、ＳＴＩとＨＩＶの予防、性的強制の身体的、認知的、社会的、情緒的、文化的側面についての適切な情報を増やす。
7. セクシュアリティと人間関係のあらゆる側面に対処するのに必要なライフスキルを持つ。
8. 特にセクシュアリティに関する問題や質問がある場合のカウンセリングや医療サービスの提供と入手方法についての情報を持つ。
9. 自己の批判的態度を発達させるために、セクシュアリティ、人権に伴う多様な規範と価値観について思考する。
10. 相互理解と相互のニーズ・境界の尊重のある（性的）人間関係を構築し、平等な人間関係を持つことができる。これは、性的な虐待と暴力の予防に貢献する。
11. セクシュアリティ、情緒、人間関係についてコミュニケーションが取れる、そのために必要な言葉を持つ。

こうした世界のスタンダードに対して、わが国の性教育政策の問題の第一は、「寝た子を起こす」論の虚構（フェイク）が依然として、わが国の性教育政策の根底に据えられている現状があります。この点はまさに、事実誤認というより、科学的で包括的な性教育を学校現場に位置づけないための論拠といえます。

国際的な多くの調査をレビューした分析では、適切な性教育の実施は〝寝た子を起こさない〟という実証結果が出ています。初めての性交に関する性教育プログラムの影響を測定した63の研究のうち、プログラムの37％は性交体験の開始を遅らせたが、63％はまったく影響がありませんでした。「注目すべきは、初めての性交を早めるプログラムはなかった」し、同様に「プログラムの31％は、性交の頻度の減少（性交しない状況に戻ることを含む）につながった一方、66％は影響を与えず、３％は性交の頻度を増加させた。最後に、プログラムの44％が性交経験相手の数を減少させ、56％は影響を与えておらず、また性交経験相手の増加につながるものはなかった」という報告内容です。つまり、①包括的性教育プログラムの３分の１以上は、初めての性交を遅らせ、②同様にプログラムのおよそ３分の１は、性交の頻度を減少させ、③３分の１以上は全標本の中で、また重要な標本のいずれかにおいて、性交経験相手の数を減少させているのです（ユネスコ編／浅井春夫・良香織・田代美江子・渡辺大輔訳『国際セクシュアリティ教育ガイダンス』（初版）明石書店、２０１７年、42～43頁）。

第二に、いわば〝性的発達の個人差・格差〟論という発達的視点の陥穽《かんせい》をあげておきます。性的発達だけでなく、身体的・精神的・学力的発達などは一並びではなく、生徒・子ども間の不均等な発達の実態を踏まえて教育実践はすすめられているのが実際です。性的な発達でいえば、発達の不均等な状況はあったとしても、どの子も基本的な発達の筋道を通るという発達論に依拠して、性教育は具体化すべき実践であるといえます。

第三として、現場実践の自由を抑制し、教育行政の指導の梃子《てこ》となっている〝はどめ規定〟の撤廃は、性教育政策を国際的スタンダードに押し上げる必要不可欠な改善課題です。

4　乳幼児期の性教育にチャレンジするために

保育者が性教育にチャレンジするときの分岐点

性教育は「必要と思うけれど、自分にはできない」「中高生には必要だけど、幼児にはまだ早いでしょ」「性教育は小学校でやってもらえるから、そこからでいいんじゃないのかな」など、いろいろな意見があります。性教育は経験豊かな保育者にとっても未知の分野です。だからとくに乳幼児の性教育に踏み出す入り口で、立ち止まってしまうこともあるのです。

そもそも保育者も保護者も、性的自立と共生のための性教育をまともに学んできた人はほとんどいないのが実際です。ですので、幼児期の性的発達と性教育実践に踏み出そうと思えば、科学と人権に立脚した性教育の理論を基礎から学ぶ必要があります。性教育に「チャレンジする・しない」という分岐点で問われることは、乳幼児の性と性教育の学びに、正面から「向かうのか、避けるのか」ということになります。

図表４は、「性教育の必要性を実感する人・しない人の傾向的特徴」を整理したものです。大事なことは、人生はじめの時期を生きている子どもたちに、保育者が性的発達に必要な学びを保障したいと思うかどうかです。

多くの人にとって性教育というと、学校の教室のように先生が生徒の前に立って一斉指導的な教育の様子が頭に浮かぶのかもしれません。そのため2歳児、3歳児の一斉指導は難しいと思われることもあるでしょう。

しかし、幼児の場合には、日常的な個別対応とか、絵本を使っての読み聞かせであるとか、日々の出来事を取り上げてお話しするという場面を作ることもできます。お散歩で花や動物に接したときに、子どもたちに性についていろいろな説明をすることもできます。性について無理に教え込もうとするのではなく、生き物の姿や花の美しさ、自然の変化などを感じ取れる感性をはぐくむことを大切にしたいものです。また、手をつないで一緒に歩いている友だちに優しくしてあげることを学ぶチャンスもあります。あまり肩に力を入れないで、子どもたちに話しかけてみましょう。

保育園・幼稚園や学童保育、学校、児童福祉施設で行われている性教育は、大きく分けて3つの柱があります。第一の柱は、集団で行う学習会形式の性教育です。第二の柱は、個別指導など、あそびや生活の中での性教育です。そして、第三の柱として、専門職とその集団の学びである性教育があげられます。この3つがあって、保育園などの性の学びのしくみが保障されるのです。

図表4　性教育の必要性を実感する人・しない人の傾向的特徴

分岐の論点	必要としない人の考え方	必要と認識・実感する人の考え方
①人権尊重	努力しない人間に人権を与えるとわがままになり、社会が衰退し、荒廃していくと考える。義務を果たしてこそ権利は保障されるべきと考える。性の多様性に対しては、性別二分法による考え方に基づいて、認めないのが基本的な考え方である。	すべての人の人権が保障されるべきで、それは人間社会の骨格に据えられるべき理念と考える。人権が保障されてこそ多様なしあわせのあり方が生まれると考える。多様性の尊重を、性教育の基本的観点と考える。
②性的自己決定能力	自己決定による子どもの性行動は間違いのもとと考え、強制力が教育には必要と考え、教え込みに重点がおかれる。総じて子どもの自己決定能力をはぐくむことには後ろ向きである。	さまざまな性行動の局面で賢明な判断ができるためには、知識、スキル、価値観、態度、行動のレベルでの判断と選択を大切にする視点を持っている。
③性教育は「寝た子を起こす」	科学と人権の性教育を実施することで、性的問題行動をより助長するようになると考える。また、そのようにあおる。	子どもは性的生活面で“寝ていない”し、性の学びを重ねることによって、人間は賢明な性行動をとるようになると考える。
④国のあり方	強い国家があってこそ、国民のいのちとしあわせを守ることができる。だから国民は、忍耐し国家に従うべきと考える。	一人ひとりのしあわせが束になって、国のしあわせがあると考える。個人の尊厳を最大限に大切にする国をめざす。
⑤人間観	人間には“まっとうな自立した人間”と“半人前の厄介者”がいて、後者は強制力によって管理すべき存在であると考える。	教育と学習によって人間的発達を獲得するのであり、主体的で対話的な学習による深い学びが必要と考える。
⑥両性の平等	性別にはそれぞれの特性があり、男性は“男らしく”、女性は“女らしく”を強調する。性別二分論に基本的には依拠した考え方を持っており、男女は主従関係にあるべきと考える。	性別にかかわらず平等が保障されることで、人間的で個性的に生きることが可能になると考える。両性の平等関係は、人間の自然なあり方に即した関係性であると考える。

分岐の論点	必要としない人の考え方	必要と認識・実感する人の考え方
⑦自己変革	自らが変わることに臆病で、伝統的性別役割分業論に依拠して、新たな関係性をはぐくむことに背を向ける傾向にある。	性教育は男性にとって“自己解体”、女性には“自己解放”の側面を持っており、自己変革に挑戦することを成長と捉える。
⑧家族関係	伝統的または新伝統的（主に女性が仕事も家事育児も担う）性別役割分業に安住し、従うように求める傾向がある。	家族という集団の人間関係の発達に、パートナー関係、保護者と子ども関係の創りなおしに挑戦し、模索し続けている。
⑨恋愛関係	男中心社会の構造への問題意識は薄く、とくに男性の場合には、納得と合意プロセスには関心が乏しいのが実際である。	相手を大切にすることについて、相手の状況や心情に想いを馳せ、納得と合意の形成プロセスを大切にする。
⑩性暴力	男の暴力には、ある程度は寛容で許容的であってよいと考える。男女のかかわり方のひとつとして、容認することが多い。	人権を踏みにじる行為であり、絶対に許してはならないと考える。犯罪としての認識を、しっかりと自覚している。

いちばん難しいのが２つめの個別指導であると思います。絵本や紙芝居を使って、全体で読み聞かせて教え伝えていくような一斉指導は、ある程度予定して行うので準備ができます。例えば『あっ！　そうなんだ！　性と生』（浅井春夫他、エイデル研究所、２０１４年）などの絵本を読んで、性について学び考えることはとても自然で大切なことだと理解するには、一斉指導の方が効果的な面があります。子ども集団・グループを前に、性を語るためには職員も準備の段階で勉強をすることが求められます。

それに対して２つめの柱の個別指導は、一人ひとりに、あるいは小さなグループに、その場で対応しなければなりません。予想もしない〝不意打ち〟の子どもの質問に、その場で考えてやりとりをする力が問われます。適切に答えることができなかったときには、勉強をして、あとからでも子どもたちに伝えてあげられるようにしましょう。

あっ！ そうなんだ！ 性と生
——幼児・小学生そしておとなへ

浅井春夫、安達倭雅子、北山ひと美、中野久恵、星野恵 編著
勝部真規子 絵
エイデル研究所
2014年

日常の関わりの中での性教育

学校の性教育では、小中学校で平均して年間に3時間ぐらいしか授業時間を確保できていません。し

かも、一斉指導で教え込もうとすると、対話の少ない、楽しくない内容になってしまうこともあります。とくに年齢が低ければ低いほど、性教育を楽しくすすめることを大切にしたいものです。例えば、菅野清孝「こども園で『チャレンジ性教育』」の実践では（「おしり探偵にきいてみよう！」というタイトルでの実践報告。『季刊セクシュアリティ』95号、２０２０年4月増刊）、ギターを弾きながら歌と音楽にのせて、性に関するさまざまな質問を子どもから受けて、説明したり、対話をしたりすることで、性教育をつくってきました。要は、性のことはふざけ半分で話すのではなく、子どもにとっても大事な学びのとりくみであるとともに、楽しい学びであると伝わることが大切なのです。

そのためには、保育者一人ひとりの「性と生の意識」が問われます。子どもにいわれたり、聞かれたりしてわからないこともあります。その時は、「大事なことだよね。でも今すぐにはきちんとお話しができないから、○○までに勉強してから、お話しするね」と伝えてあげてほしいと思います。「先生はちゃんと話してくれた」ということは、信頼を得ることにつながります。そうした誠実な保育者の姿勢を子どもたちに伝えたいものです。「そんなこと、聞いちゃダメ！」と、性に関わることは聞いてはいけないんだと思わせることは問題です。

また、子どもは新しい言葉を覚えたら、それをいいたくなります。例えば、子どもが一斉指導で絵本を使ってからだのさまざまな名称を習ったとすると、子どもが家庭で突然に性器の名称を発して、親がびっくりすることがあります。そうならないためにも、保育者は保護者に対して、あらかじめ性教育のとりくみの目的や必要性、使用する教材などを伝えて理解を求めるなど、丁寧に性教育のとりくみをすすめていくことが大事です。それでもドキッとする場面があるかもしれません。性を学んでいる子どもの声に、誠実に耳を傾ける保護者になっていくことで、親子で性を語り合える関係を築いてほしいものです。保護者向けの性教育の学習会は、子育ての学び直しの機会にもつながると思います。保護者会など親の関わりの中で伝えてほしいのは、子どもに「どういうことを勉強したの？」と保護者から声をかけることの大切さです。そうして子どもとの対話を、保護者も楽しんでもらいたいと思います。

幼児期のジェンダー意識に潜む課題

現代社会は、（性）情報をめぐる環境が大きく変化しています。インターネットの利用状況について、子どもがネット・オンラインゲーム・ＳＮＳなどに触れるのは何歳ぐらいからだと思いますか。内閣府の「令和元年度 青少年のインターネット利用環境実態調査結果（速報）」（２０２０年3月発表）では、早い子は0歳から4・7％が利用しており、幼児では2歳で35・5％、５歳では60・５％となっており、少なくとも半数の子どもが接しているのが現状です。15歳にもなると、もう96・８％の子どもがネット情報に触れているのです。

さらに、ネットやゲームに触れる時間が毎日2時間を超えると、さまざまな影響が出てくることに警鐘がならされています。最も深刻な影響のひとつに「ゲーム障害」があります。ゲーム障害は、ゲームに熱中し、利用時間などを自分でコントロールできなくなり、日常生活に支障が出る病気です。ＷＨＯ（世界保健機関）では新たな病気として、２０１９年5月に国際疾病分類に加えました。ゲーム障害の患者数はまだ正確な実数ではないのですが、厚生労働省の調査（２０１７年）では、「ネット依存」が疑われる人は成人で約４２１万人、中高生で約93万人と推定されています。また、幼児期にはすでに潜在的「ゲーム障害」の状態にある子どもたちが少なくないといわれています。

２歳半から３歳は、善悪の判断について「何がよくて、何が悪いのか」、あるいは「こういうルールは守らなくてはならない」という基準を内面に形成していきます。そうした時期に、ジェンダーの意識がだんだん注入・形成されていくことになります。この時期に、乳幼児の子どもたちにどのような問題提起と関わり方をしていけばよいのかが保育実践のあり方として問われているのです。

幼児期後期（３～６歳）は、自己意識の表明、自分の考えや意思を主張する時期に入っていきます。「自分は」という自我が芽生え、おとなから見ると「わがまま」と受け取られる側面も出てきます。さらに、善悪の判断・秩序・規則などの価値観を獲得するプロセスを歩みます。ほとんどの子どもが、この２歳半から３歳で自らの性別を認識するようになります。性器のちがいやトイレの使用方法、ことばとふるまいの内容など、ジェンダーの文化を通じて、性別の理解と性自認（自らが男であるか、女であるかを確認すること）をしていくようになります。自己を性別に分類することで、性別に応じた世界を作り上げ、性別に合わせた行動パターンを獲得していくようになります。

ジェンダー意識が形成されてくると、男の子は「もう女の子と一緒にままごと遊びはしたくない」などといい、いわば「男の子らしい」荒々しい遊び方が出てくる可能性も高くなります。それは「男は男なんだから、女の子と一緒に遊べないんだ」に始まり、「男は少々荒々しくてもいいんだ」、そして、場合によっては「男は少々暴力を振るってもいいんだ」となっていきます。そうしたプロセスに、ジェンダー意識がとても大きな意味を持つのです。

「改訂版ガイダンス」（2018年1月公表）は、暴力の問題をとても大事な課題として位置づけています。ジェンダーが基礎になって発している「ジェンダーを基盤にした暴力」（男は少しぐらい乱暴でも男らしくていいんだ、などという意識から生み出される暴力）について、克服の課題を提示しています（ユネスコ編／浅井春夫・艮香織・田代美江子・福田和子・渡辺大輔訳『改訂版 国際セクシュアリティ教育ガイダンス』明石書店、2020年）。

性教育実践の構図

性教育の位置づけに関して、ここで改めて考えてみましょう。

学校教育あるいは保育所、学童保育、児童養護施設などでもそうですが、いま大事なのは、自己肯定「感」と、もう一つの自己肯定「観」です。「自己肯定」とは、自分のことを肯定的に受容する能力のことといえます。それにつく「感」というのは自分自身を好きだと感じること。それに対して「観」は自分を肯定的に受け止める見方のことをいいます。子どもたちが自己肯定感と自己肯定観を獲得していくことが大切です。

図4-1は、「保育・教育実践の構図」を示しています。「自己肯定感・観」を中心として矢印が「人生案内」「共生」「楽しい居場所」「自立」の4つの方向に広がっていきます。

このような実践の構図の中で、性教育がどこに、どのように位置づけられるかというと、「人生案内」と「共生」が向き合う空白のところに位置づけられます。「共生」と「楽しい居場所」なら、ここ

図4-1　保育・教育実践の構図
〜何を大切にし、何をめざすのか〜

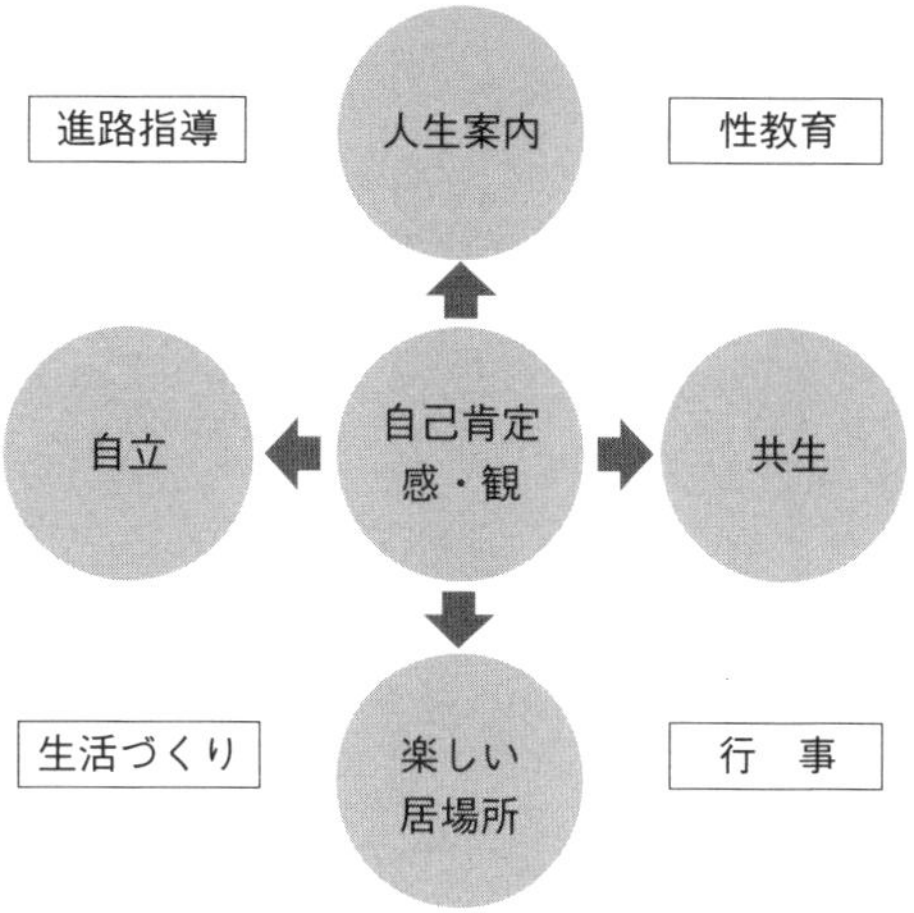

にはいろいろな行事なども入ります。「楽しい居場所」と「自立」なら、生活づくり、あるいは「自立」と「人生案内」が向かい合う実践領域には進路指導が入ってきます。「自己肯定感・観」の獲得を中核的な課題とするために、「保育・教育実践の構図」を描いておくことが必要です。

性教育はけっして万能ではありません。しかし、性教育は、この保育・教育実践の構図において絶対に欠かすことができない人格形成のための不可欠の学びの課題であり、人生はじめの乳幼児期においても位置づけることが必要です。

性器をどう呼ぶか

性器の名称については、性教育実践の中でもいろいろな議論があります。男の子だったら、「ペニス」か「おちんちん」「（男の子の）性器」でしょうか。女の子であれば、「女性器」（「あそこ」や「おまた」などというあいまいな呼び方ではなく）と呼ぶでしょうか。性器の名称ぐらいは、子どもたちにきちんと教えなくてはならないでしょう。あなたはどの呼び方がいいと思いますか。

「からだ」を大切にしようと伝えるのであれば、固有名詞がない「からだ」の部位があることを放置してはいけないと思います。「からだ学習」は、乳幼児期からはじめるべき課題です。女の子の場合は、例えば、英語では、「ワギナ」（vagina）という呼び方もありますが、この用語は膣《ちつ》のことを基本的には指しています。あるいは女性器の全体を指してワギナが用いられることもあります。正確にいえば「バルバ」（vulva、女性の外性器）という英語のほうがよいでしょう。

ちなみに女性の性器の呼び方は、関東だったら「オメコ」、九州だったら「ボボ」、東北の方だったら「オマンジュウ」などといいますが、名称として方言を使うのは避けるべきであると考えています。例えば関東の「オメコ」という言い方は、セックスと同義語として使われてきました。これらの方言には、女性固有の性器の名称ではなく、男性のセックスのための器官という意味が塗り込められています。ですから、性教育においては、方言は基本的には使わないほうがよいと考えています。

女の子の性器の名称をどう考えるかという議論は、性教育をすすめていくうえで避けては通れない課題です。保育の現場で無名であったり、偏見を伴ったりする用語は避けることを基本に、使いやすさも考えながら、実践的に検討していただきたいと願っています。

乳幼児と性のコミュニケーションがとれる保育者・実践者となるために

国際的な性教育の流れとともに日本の乳幼児の現実を踏まえて、性教育の実践と研究の両面からアプローチしていくことが、保育実践の質を高めていくことになります。これまでの保育学や保育実践のエアポケットであった「乳幼児の性と性教育」という課題に、全国の保育所・幼稚園などでとりくんでいただきたいと願っています。

すでに一般社団法人〝人間と性〟教育研究協議会（性教協）では「乳幼児の性と性教育サークル」が2018年に立ち上がり、全国セミナーを2回開催、例会や各種の実践報告をするなどの活動をはじめています。近く、全国各地で乳幼児の性教育のとりくみをすすめるためのハンドブックを発行します。日本の保育実践と研究、保育運動にとっても大きな意味を持つジェンダー・セクシュアリティの研究と性教育のとりくみをすすめていただきたいと願っています。

性教育の実践者となるために必要な要素は、第一は、学んで、学んで、学び続ける専門職としての自己発達への挑戦をし続けることです。第二に、ジェンダーの刷り込みや〝普通〟〝平均〟〝当たり前〟などの常識に疑問を持ち続け、ジェンダーとセクシュアリティの視点を持って、子どもと子ども集団の現実を見るちからを形成していくことがあげられます。第三として、子ども集団への働きかけと生活の中での個別的な働きかけのできる実践者になること。そのためには日常の場面で性を語ることのできるトレーニングの必要があります。第四として、子どもと社会の未来を考え続け、必要なときには社会の流れに抗うことのできるちからが必要となっています。ぜひチャレンジしたい課題です。

補足資料②

乳幼児期の性教育で「からだ学習」をすすめる10のポイント

「多様なセクシュアリティ」とともに、よく使われる用語として「性的マイノリティ」があります。多様さに着目をするのか、少数派という点に注目をするかによっての表現のちがいでもあります。大事なことは、マイノリティであるのか、マジョリティ（多数派）であるのかを伝えることではなく、人権を踏みにじることが意識的無意識的に行われている実際と人権侵害を生み出すしくみを解明することです。セクシュアリティ（性的存在、その人らしい性のあり方）は実に多様で、グラデーション（少しずつの変化・ちがい）をともなった存在であるとの理解をはぐくむことが大切なことです。

〝普通、平均、通常、世間並、当たり前、一般的、みんな……〟というマジョリティの論理・いい方である数的二分法による理解と表現への疑問を投げかけることを、性教育実践で迫ってみたいものです。「多様なセクシュアリティ」を考えるときには、①からだ・性器の多様性、②性の自己認識（性自認、ジェンダー・アイデンティティ）の多様性、③性的指向（性愛の方向づけ、恋愛対象）の多様性の3つの視点と構成要素から捉えることができます。それらの総合として、④性行動・性表現・性の価値観の多様性が形成され具体化されます。

「性的マイノリティ」は、「LGBTQ」(Lesbian/Gay/Bisexual/Transgender/Questioning)と表記されたり、「Q」はつけずに「LGBT」と略記されたりすることがあります。「Q」は自己のジェンダーや性自認、性的指向を探している状態の人々を指す「Questioning」と、性的マイノリティの総称として用いられる「クィア(Queer)」の意味の場合もあります。少数であることが差別の理由であるわけではなく、多数派のセクシュアリティの枠組みと価値観に同調しないことで、自分らしく生きていることが攻撃・排除・批判の対象となっている現実があります。

「性の多様性」「多様なセクシュアリティ」「性的マイノリティ」は性教育実践の不可欠のテーマになってきました。多様なセクシュアリティを深めるうえで、「多様なからだ学習」について、10のポイント・観点を提案することにします。

①ちがいの強調よりも同一性・共通項に着目をして

からだ・性別・性的指向などのちがい・差異の強調と確認のための実践よりも、共通項の圧倒的多さ・重なりに着目をしながら授業展開をすすめていきたいものです。ちがいへの着目は、ちがいを認め合い、他者を大切にする視点をはぐくむことが目的であるはずですが、同時にちがいの強調は排除行為や偏見を助長・拡大する可能性もあることに留意しておきたいものです。ちがいについて扱うのであれば、一人ひとりがちがうことを認め合うちからをはぐくむことに力点を置くことが基本的な視点と実践内容です。

セクシュアリティの分類とちがいの探究から、共通性の探究へとベクトル(方向性・めざす視点)の転換を図ることを検討してみてはいかがでしょうか。そのことは共通の土台を持っている人間としての共感と認識をもとに、ちがいを活かす関わり方の探究という観点でもあるのです。

胎生期の性器は中性的両性的で、徐々に分化していくのであり、性器の形成・なりたち、身体的機能の共通性を外形的形態論で見るだけでなく、からだ・性器の機能論の観点から実践のあり方を構想してみてはどうでしょう。そうした観点で論議していけば、多くの共通点を見出し、それと同時にそれぞれが個性的な発達をしていることの理解をはぐくむことができるのではないでしょうか。

「改訂版ガイダンス」の「キーコンセプト６：人間の発達」「６・４　ボディイメージ」の学習目標（５～８歳）では、キーアイデアとして「すべてのからだは特別で、個々に異なりそれぞれにすばらしく、からだに対してはポジティブな感情を抱くべきである」（翻訳書、１３６頁）ことが主要な課題としてあげられています。「あらゆる人のからだ」がそれぞれ個性的であることをメッセージとして送りたいものです。

②一次性徴・二次性徴という段階論でからだの成長・変化を捉えるのではなく、グラデーションとジグザグのプロセスで捉える

「改訂版ガイダンス」の「６・１　性と生殖の解剖学と生理学」の学習目標（５～８歳）では、「障がいのある人を含む誰もが、尊重に値するそれぞれにすばらしいからだをもっている」「男性と女性、男子と女子のからだの同じところ、違うところ、そしてそれらが時間の経過とともにどう変化していくのかを明らかにする（知識）」（同１２８頁）ことが提示されています。

性的機能を含めたからだの変化のプロセスを理解することは大切な課題です。いくつもの通過点を明確にし、その通過は人によってはゆっくりな人もいれば、早めに体験する人もいいます。発達のプロセスを見れば実に多様な状況があります。

「改訂版ガイダンス」「6・1　性と生殖の解剖学と生理学」の学習目標（15〜18歳以上）のキーアイデアでは「男性と女性のからだは生殖と性に関する能力と機能も含め、時間の経過とともに変化する」（同130頁）ことを伝える課題が提示されています。大事なことは、性的発達のプロセスを見通しながら、自らの発達、からだ形成の多様なプロセスを予測し正確に知ることです。平均主義的な説明は悩みを増やすことにもなります。いまある自分を見つめる視点と、これからの発達の変化を見通す視点を示すことが、セクシュアリティ教育の重要な課題といえます。

③性とからだの生物学的側面と社会的側面（ジェンダー）を理解する

「キーコンセプト3：ジェンダーの理解」「3・2　ジェンダー平等、ジェンダーステレオタイプ、ジェンダーバイアス」の学習目標（12〜15歳）では「ジェンダーステレオタイプやジェンダーバイアスは、男性、女性、そして多様な性的指向およびジェンダーアイデンティティをもつ人々が受ける扱いと、かれらにとって可能な選択肢に影響する」（同98頁）ことが説明されています。

からだをどう認識するのかは、さまざまな側面から影響を受けており、からだについてマッチョなのが男性的であるというメッセージを受け入れているか、それぞれのからだをあるがままに受容するかは個人差があります。ジェンダー的刷り込みを分析しながら、からだの自然、あるがままをどのように理解していくのかもまた課題となっています。

④自らのからだをよく知る──「appreciate」

アメリカ性情報・性教育協議会の「包括的性教育ガイドライン」（第3版、２００４年）で提示されている「性的に健康的なおとな」像（本書49～51頁）の37項目の最初には、「自らのからだに感謝する（自らのからだをよく知る）」が掲げられています。

そこで使われている動詞は「appreciate」で、単語としては①〈人・ものの〉よさがわかる、真価を認める、〈……を〉高く評価する、②認識する、わかる、③感謝する、という意味などがあります。自らのからだの「よさがわかる」「真価を認める」ということを通して、自己肯定感・観へとつながる認識のつくり方がからだ学習には求められています。からだ学習を深めることが「からだの尊厳」を学ぶこととなっており、そのことを通して自己肯定感・観の形成とつながる学びの組織化が課題となっています。

「自分のからだに対する感じ方は、その人の健康、セルフイメージ、行動に影響する」（「改訂版ガイダンス」「6・4　ボディイメージ」の学習目標〔12～15歳〕）のです。その意味で「ボディイメージ」をどのように獲得するのかが自己肯定感・観と深くかかわってくるのです。

マスコミなどで流布している〝巨根妄想〟などウソ情報や神話、思い込みに影響を受けている子どもたちに、ペニス、バルバ、乳房の大きさや形状は人によって異なっており、性機能や、よい性的パートナーとなる能力には関係ないことをきちんと伝えることは「からだ・性器学習」の基本課題です。

⑤見える変化とともに、外から〝見えない変化〟を学ぶ「からだの内部学習」

「改訂版ガイダンス」「6・3　前期思春期」でキーアイデアとしてあげられている「生涯にわたってホルモンは、人の感情や身体的変化に重要な役割を果たす」（同135頁）という科学的事実を知ることは、からだ内部の〝見えない変化〟を学ぶ課題です。多様な外見的外形的なからだ学習とともに、からだの内部、内性器、ホルモンの変化などのからだの内なる変化と機能を学ぶことはからだ学習の課題です。

自らの性欲→性的欲求→性的支配欲求のコントロールと性的共生欲求をはぐくむ学びの課題があげられます。「からだ学習」には、見える課題へのアプローチと見えない課題へのアプローチがあります。そのうえで両者が相互補完的にからだの変化を生み出していることの理解が必要です。

⑥こころとからだの関係と発達プロセスを学ぶ

自らのこころとからだをトータルに捉えることのできるちからをはぐくむことは重要な課題です。自らの身体的変化、精神的情緒的変化について状況を予想できるという課題は、その時期の迎え方とのり越え方を準備するうえでもとても大切なことです。

男性ホルモン・女性ホルモンはそれぞれの役割を果たし、人の生涯を通じて起きる身体的変化、精神的情緒的変化に影響を及ぼすという事実を踏まえて、自己コントロール力を形成していく課題を提示していくことを意識したいものです。こころとからだの発達を予測し、どのように折り合いをつけていくことができるかは重要なからだ学習の課題です。

⑦セクシュアル・リスク・マネジメントとしての「からだ学習」

からだを大切にする課題では、日常生活の中にある「性被害・性的虐待の防止学習」が求められることになります。「改訂版ガイダンス」「キーコンセプト4：暴力と安全確保」の「4・1　暴力」の学習目標（9～12歳）では「性的虐待、セクシュアルハラスメント、いじめ（ネットいじめも含む）は人を傷つける行為であり、それらを体験した場合にはサポートを求めることが重要である」という課題があげられています。からだに関する学習は、からだに向けられたリスクに適切に対応する〝危機回避〟方法の学びを含んでいることがあげられます。

同様に「予期しない妊娠」に対する緊急対応や性感染症に罹患した場合の対応方法なども「セクシュアル・リスク・マネジメント学習」（性感染症、避妊、妊娠の際の緊急対応）として位置づけ、実践化していくことが必要です。

⑧「からだの権利」を学ぶ

同じく「4・2　同意、プライバシー、からだの保全」の学習目標（5～8歳）では、「誰もが、自らのからだに誰が、どこに、どのようにふれることができるかを決める権利をもっている」というキーアイデアを踏まえて、「学習者ができるようになること」として「自分が不快だと感じる触られ方をした場合にどのように反応すればよいか（「いやだ」「あっちにいけ」という、信頼できるおとなに話すなど）をはっきりと示す（スキル）」（同107頁）ことなどが課題として示されています。

ここでは、学習目標（5～8歳）で「からだの権利」の意味について説明する課題が明示されています。からだをどのように使うのかは、性的自己決定権の基本問題であることを確認しておきましょう。他者のからだへの視線、言葉によって評価すること、冷やかしなどの言葉かけの内容がプライバシーの侵害であり、個人の尊厳への攻撃であることを学ぶ必要があります。からだを主体的に使う権利が「からだの権利」であり、まさにからだは権利の身体的土台です。

⑨障がいについて学ぶ

「改訂版ガイダンス」「6・1　性と生殖の解剖学と生理学」（学習目標〔5～8歳〕）のキーアイデアで、「障がいのある人を含む誰もが、尊重に値するそれぞれにすばらしいからだをもっている」（同128頁）ことを説明しています。

ちなみに「ガイダンス（初版）」では「基本的構想4：人間の発達」で「すべての人のからだは（身体障がい者の人のからだも含めて）特別であり、かけがえのない存在（special and unique）であることを知る」「あらゆる人が、自分のからだを誇りに思うことができる（Everyone can be proud of their body）」ことがあげられており、からだの学習には、障がいとともに生きている人への視線を再構成する課題があげられます。「敬意に値する（deserves respect）」という理解をどのようにはぐくむことができるのかが問われています。

健常者と障がい者という二分法で見るのではなく、多くの人たちが加齢とともに障がいとともに生きることになるのであり、からだの多様性とその変化の多様さをからだ学習で学ぶこともまた重要な課題となっています。

⑩多様性を理解する観点と性教育実践のポイント

からだの自然な変化とともに、現在は人為的にからだを操作し変化させることも可能な状況があります。からだの形成と変容について、美容整形や薬の使用も含めて自らが選択できる時代に入っています。多様性を理解する課題は、性的指向や性自認とからだの違和感なども多様性を理解する重要な課題です。それと同時に、からだ学習を通して多様性を理解していくことが重要な課題となっています。

第一に、からだという実物を通して、具体的思考に基づいて性教育の学習目標に迫っていくことが求められています。実物教育としての性教育の実践がからだ学習なのです。

第二に、性教育はからだ学習から始まるということができます。人間のからだは圧倒的に共通基盤で構成されており、そのうえで性的身体的発達プロセスの多様性、個々のからだの個性的特徴などの多様性を理解するもっとも身近なテーマとなるのがからだ学習です。

第三として、二分法やセクシュアリティの分類化で整理するのではなく、からだも一人ひとりがちがっているという事実から、多様なからだ学習をすすめることが大切です。

第四に、第一から第三の実践と学習を通して、多様なセクシュアリティの学習へと繋いでいくことが課題となります。性別（性器の性）、性自認、性的指向などの組み合わせで、多様なセクシュアリティを分類・整理することができますが、さらにグラデーションという観点を据えて、実に多種多様であることを学ぶことが求められています。

第五に、からだ学習を通して、基本目標としての自己肯定感・観をどのようにはぐくむことができるかを正面に位置づけて取り組みたいものです。

こうした課題を意識しながら、あらためて「からだ学習」「多様なからだ学習」を性教育で位置づけていくことが求められています。不断の研究活動を通して性教育実践の新たな地平を切り拓いていきましょう。

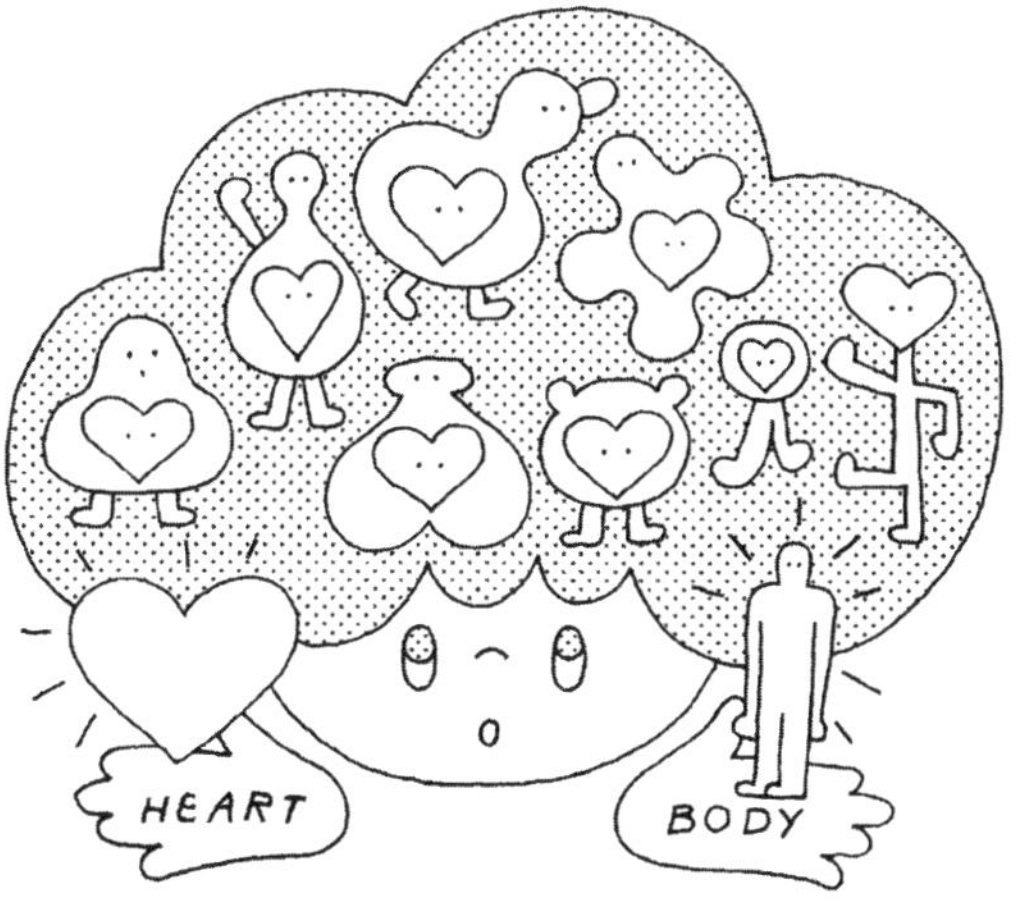

第5章 学校教育の現場で包括的性教育をすすめる
——学習指導要領の問題点と国際的スタンダードへの展望

何度も繰り返しますが、わが国の性教育政策は、子どもたちの性意識・性行動の現実と国際的なスタンダードから〝逸脱〟といっていいほどかけ離れている実態があります。国際スタンダードである「包括的性教育」が日本の性教育の骨格に据えられることは、今後の性教育政策と実践を創っていくうえで不可欠の課題です。

わが国の性教育政策がいままさに転換期を迎えていることを踏まえて、その具体的な内容を本章で提起したいと思います。

1　あらためて性教育の必要性の「エビデンス」（根拠）を問う

子どもたちの現状は〝寝ている〟などという牧歌的な状況ではありません。情報入手のツールとしてのスマホの所有・利用状況を見ても、学校種別が上がるほど利用が多くなっており、２０１７（平成29）年度で、小学生では29・9％、中学生では58・1％となり、高校生では95・9％が「スマートフォン（計）」を利用しているのが実際です。いずれの機器も利用していないのは、２０１９（令和元）年度で、小中高あわせて6・8％にすぎません。つまり93・2％がいずれかの機器でインターネットを利用しているというのが実際です（内閣府「令和元年度 青少年のインターネット利用環境実態調査」２０２０年3月）。

そして、テレビ・ラジオ、漫画、子ども間の口コミ・ウラ情報などでの性情報は、子どもたちの身近にあふれています。子どもたちは揺り動かされ、性情報があふれかえる中でたたき起こされているのが実際です。

高校生の性知識の正答率をみますと（ＮＰＯ法人ピルコン「高校生の性知識・性意識・性の悩みに関する調査」２０１６年7月〜12月調査期間）、12の設問の平均正答率は3割となっています。設問と正答率のいくつかを紹介しますと、

	正答率	／わからない
問題（1）「排卵はいつも月経中に起こる」（正解は×）	18％	65％
（2）「精液がたまりすぎると、体に悪影響がある」（×）	24％	64％
（3）「膣外射精は有効な避妊方法である」（×）	35％	52％
（4）「月経中や安全日の性交なら妊娠しない」（×）	38％	52％
（5）「低用量ピルは女性が正しく服用することでほぼ確実に避妊できる」（○）	17％	62％

などとなっています。

こうした性知識の貧困状態が、さまざまなリスク行動につながっていきます。無知は問題行動と性的トラブルを誘発していくことはいうまでもありません。自分自身と人間のいのち・人権を大切にするためには、性を学ぶ権利をすべての子どもたちに保障することで、賢明な性行動を選択できるちからをはぐくんでいくことが求められています。

日本性教育協会「第8回青少年の性行動全国調査（2017年）」から、中高生の性行動の統計を紹介しますと、以下のような状況となっています。

【キス経験】中学生男子：9・5％　女子：12・6％、
　高校生男子：31・9％　女子：40・7％
【性交経験】中学生男子：3・7％　女子：4・5％
　高校生男子：13・6％　女子：19・3％
【性的関心】中学生男子：46・2％　女子：28・9％
　高校生男子：76・9％　女子：42・9％
【射精・月経の経験率】中学生男子：37・2％　女子：81・2％
　高校生男子：84・1％　女子：94・3％

「いずれの調査時点においても、初交時の年齢が15歳以下の場合16歳以上と比べて避妊の実行率が低

図表5-1　性別、学校段階別の性交経験率の変化

（%）

調査年＼回	1974（第１回）	1981（第２回）	1987（第３回）	1993（第４回）	1999（第５回）	2005（第６回）	2011（第７回）	2017（第８回）
中学生男子	—	—	2.2	1.9	3.9	3.6	3.7	3.7
中学生女子	—	—	1.8	3.0	3.0	4.2	4.7	4.5
高校生男子	10.2	7.9	11.5	14.4	26.5	26.6	14.6	13.6
高校生女子	5.5	8.8	8.7	15.7	23.7	30.3	22.5	19.3
大学生男子	23.1	32.6	46.5	57.3	62.5	63.0	53.7	47.0
大学生女子	11.0	18.5	26.1	43.4	50.5	62.2	46.0	36.7

出所：日本性教育協会「青少年の性行動――わが国の中学生･高校生･大学生に関する第８回調査報告」（2018年）より

い」ことが明らかになっています（林雄亮編著『青少年の性行動はどう変わってきたか――全国調査にみる40年間』ミネルヴァ書房、２０１８年、83頁）。さらに「性教育や性知識と避妊の実行の関連ついてもいくつかの知見が得られている。学校で性交について学習している者や、避妊についての情報を学校の性教育から得ている者ほど避妊の実行率が高く、学校での性教育は青少年の避妊行動に肯定的な影響を及ぼしている」ことを示しています（前掲、86頁）。こうした性行動調査の数値から見ても、またさまざまな知見からも中学校段階で性行動や避妊・中絶を扱うことは性教育実践の必要最低限の内容となっています。

この30年間（１９８７年～２０１７年）の性行動の変化を「性交経験率」で見ると、全体として確実に増加し一定の水準にあり、中高生段階から性交を含む性行動は日常的な関係性の中にあります。中高生段階において「性行動（性交）」「避妊」「中絶」をめぐるテーマは、賢明な人生選択と共生関係をはぐくむうえで、学ぶべき課題となっていることは明らかです。

この10年間あまりで高校生男子の性交体験率が半減したことをとって、〝草食化〟という評価をする向きがありますが、いずれにしても人生の中で恋愛・性交・妊娠・出産などの性行動を体験する歩みがあるのですから、さまざまな人生の性的局面に対応できる知識・行動・態度・スキル・価値観を学び、自らの性行動の選択・決定能力を形成する課題は不可欠になっています。

2　「性教育バッシング」という逆流

戦後のわが国の性教育政策は一貫して「寝た子を起こす」論が根底にあって、学校の性教育実践と運営に影響を与えてきました（本書第3章を参照）。つまり性に関する知識やスキルなどを学ぶことで、性行動が活発になり問題行動へとつながる可能性が大きくなるので、結局は心がけに力点が置かれ、科学的な性知識を学ぶことを保障する姿勢はきわめて乏しいものでした。

戦後の性教育の歩みの中で大きな転機のひとつは、1992年の「性教育元年」（実際には文部省版性教育元年というべき内容）で、小学5年生の理科、5・6年生の保健の教科書に、性に関する記述が書き込まれたということから、学校での性教育にとりくむ大きなウェーブが起こりました。それは性教育ブームともいえるものでした。

ところが、１９９２年の高橋史朗・明星大学教授（当時）の『週刊文春』（１９９２年6月11日号）に掲載された「小学校の『性交教育』これでいいのか」を皮切りに、第二弾として同年『文藝春秋』９月特別号において「性教育元年　自慰のススメと革命のススメ――これは『性教育』の名を借りた『思想教育』だ」という記事が掲載されるなど、性教育バッシングが国会議員、東京都議会議員、研究者、産経新聞などによって組織的に行われるようになりました。それは統一協会の「新純潔教育宣言」に基づいた動きにも連動した側面がありました。自民党の議員のみならず、当時の民主党の議員の中にもそうした動きに与した議員が少なくありませんでした。

こうした動きの中で２００３年7月、「七生養護学校事件」が起こりました。石原慎太郎都知事（当時）の下で都教委、３人の都議などによって暴力的な介入が行われたのです。石原都知事も「異常な何か信念をもって、異常な指導をする先生というのは、どこかで大きな勘違いをしている」という答弁をすることで、バッシング策動を正当化してきました。そうした策動の結果は「こころとからだの学習」裁判において、地裁、高裁、最高裁ともに、被告である都教委と3都議が断罪されたのでした（最高裁決定は２０１３年11月28日。本書69～70頁の注を参照）。

こうした性教育をめぐるジグザクの流れがあったのですが、性教育バッシングを加速させたのは、国会での次の質問と小泉純一郎首相（当時）の答弁でした。

２００５年、自民党の山谷えり子参議院議員が国会質問で、大阪府吹田市の公立小学校で独自に作成して活用していた、男女の性器の名称と機能、受精のしくみを図解した性教育の副読本が問題であるとして取り上げました。それに対して小泉首相は、「初めてみましたが、これはちょっとひどいですね～。

（中略）性教育は我々の世代では教えてもらったことはありませんが、知らないうちに自然に一通りのことを覚えちゃうんですね」と答弁しました。この首相答弁に対して、国会の場にはまるで下ネタを笑うような雰囲気が充満し、当時、大臣席にいた麻生太郎総務大臣のニヤニヤとした笑い顔が映し出されました。政治家としての人格が問われていることがよくわかる映像でした。

同じ年に自民党は「過激な性教育・ジェンダーフリー教育実態調査プロジェクトチーム」を発足させ、『ジェンダーフリー』という名のもと、過激な性教育、家族の解体が目論まれている」として教育現場への強引な介入を組織的に強めました。そのときの座長は安倍晋三衆議院議員（当時の自民党幹事長）であり、事務局長は山谷えり子議員でした。しかも、安倍議員は自民党本部で開かれた「過激な性教育・ジェンダーフリー教育を考えるシンポジウム」の中でジェンダーフリー推進派について「私はカンボジアで大虐殺を行ったポル・ポト派を思い出す」と荒唐無稽な発言をしています。このような支離滅裂な「論理」が使われてきたことも、性教育バッシングに科学性も論理性もないことがよくわかります。

学習指導要領におけるいわゆる〝はどめ規定〟と性教育におけるテーマ主義という縛りと教育委員会の指導によって、科学と人権を柱にした性教育実践は抑圧され制限されてきました。

２０１８年3月の東京都議会文教委員会で、東京都足立区の区立中学で3年生の生徒を対象に行われていた性教育の授業に対し、自民党の都議が問題があるのではないかと質問しました。この授業が問題だとされたのは、「性交」「避妊」「人工妊娠中絶」という用語を使って説明した実践内容についてです。これらの言葉は中学の学習指導要領にはないもので、都教委は「高校で教える内容だ。中学生の発達段階に応じておらず、不適切」（２０１８年3月23日付「朝日新聞デジタル」）としています。これに対して区教委側は、問題を指摘された授業は不適切ではないと主張したうえで、「10代の望まぬ妊娠や出産を防ぎ、貧困の連鎖を断ち切るためにも、授業は地域の実態に即して行われ、生徒と保護者のニーズに合ったものだ」（前掲、「朝日新聞デジタル」）と明確に述べています。

中学生に「性交」「避妊」「人工妊娠中絶」という言葉を使わずに性教育の実践ができるのかを真剣に考えてみてほしいのですが、こうした具体的課題を取り上げなければ、消去法的に道徳教育が押し出されることになります。それは東京都教育委員会が作成した『性教育の手引』に示されています（本書第6章を参照）。都教委は「中学生の発達段階に応じておらず」などといいますが、中学生は妊娠可能な年齢にあることとも自明のことです。

ちなみに「改訂版ガイダンス」では、「キーコンセプト６：人間のからだと発達」「6・2　生殖」で「性交」という用語は使用されておらず、「生殖のプロセス」（5～8歳の学習目標）として位置づけられており、「妊娠」「出産」の課題は9～12歳の学習目標として位置づけられています。さらに避妊に関する課題は12～15歳の学習課題となっています。妊娠、出産、避妊を学習目標にするのであれば、当然のことですが、妊娠をした際に「人工妊娠中絶」が学びの課題から排除されることがあってはならないことも自明のことです。

質問者である都議は「家庭と社会の再生の為、今一度、純潔教育（自己抑制教育）の価値観に回帰すべき」と主張していましたが、そのことの意味は性教育にかわって道徳教育こそが必要な教育であるといっているにすぎないのです。

教育政策全般がそうですが、とりわけ性教育・ジェンダー教育は政治の強力な支配のもとにおかれてきました。率直にいえば、日本における性教育政策はないに等しい状況で、確立すらしてはいないといったほうが正確です。その意味では、政治やイデオロギー、宗教から相対的に独立して、性教育政策が形成される必要があります。それは、子どもの性的発達の現実を踏まえて、「課題主義」に立脚した性教育政策を形成する必要があるということです。

3　わが国の性教育政策のフェイク（虚構）

わが国の性教育政策は、子どもの実態と発達に関するフェイクによって構想され、すすめられてきました。その政策の根底には、学校生活内では問題を起こさせない、問題行動の可能性をつくることがあってはならないという管理的発想と意思が貫かれています。裏を返せば、社会人になれば、どのような行動をしようと学校教育は関知せずというスタンスであり、社会的性的自立を展望した性教育政策ではなかったということです。戦後から変わらぬ「寝た子を起こす」論による教育行政の性に関わる指導の本質がここにあります。

わが国の性教育政策の問題の第一は、「寝た子を起こす」論の虚構が依然として、わが国の性教育政策の根底に据えられている現状があることです。繰り返し述べられてきたこの点は、事実誤認というよりも、科学的で包括的な性教育を学校教育の現場で根づかせないための論拠となってきました。

本書１０７頁でも紹介しましたが、国際的な多くの調査をレビューした分析では、適切な性教育の実施は〝性行動を活発化させない〟という実証結果が出ています。

第二に、いわば〝性的発達の個人差・格差〟の過度な強調という発達的視点の陥穽《かんせい》をあげておきます。性的発達だけでなく、身体的・精神的・学力的発達などは一並びではなく、生徒間の不均等な発達の実態を踏まえて教育実践はすすめられているのが実際です。同時に本来はどの子どもも落ちこぼすことなく、基本的な理解を保障していくことがめざされるべきです。性的な発達でいえば、発達の不均等な状況はあったとしても、どの子も基本的な発達の筋道を通るという発達論に依拠して、性教育は具体化されていくべき実践であるといえます。

性的発達を含めて発達には個人差・格差があるので、個別指導ですすめるべきというスタンスに立てば、クラス集団を基本にした学校教育などはそもそも成り立たなくなります。生徒の個人差・格差を強調することで、性教育に関しては個別指導へと連動する方針が導かれるのですが、とくに子どもの性意識・性行動の実際は事前に把握できるわけではありません。そうした個別指導を軸にした性教育が行われるとすれば、どのようなエビデンスが踏まえられるのでしょうか。個々の子どもの性的発達段階をどのように教師が把握できるというのでしょうか。

また生徒の間で個別指導の対象として〝選ばれる〟ことで、その生徒への偏見を生みだす危険性も大きいといわなくてはなりません。集団を基礎にした一斉教育を踏まえてこそ、個別の課題が実践者に見えてくるのが実際です。個別指導は必要に応じて実践されるべきことであって、性教育実践の基本を個別指導とすることは結局のところ、担任教師任せにすることで性を学ぶ権利を教師の力量と判断にゆだねることになってしまいます。

さらに問題なのは、個別の課題に応じて個別指導（複数指導も含む）をするとしても、その内容は問題行動を起こした子どもへの生徒指導的な実践になってしまい、ゼロトレランス方針に合流していくという落とし穴に陥るのです。〝性的発達の個人差・格差〟の過度な強調論は、学校で包括的性教育をすすめることを阻害するための論理でしかないのが実際です。

第三として、「保護者の考え方がちがうので全員の了解を得るべき」という方針の問題をあげておきます。一人の保護者の反対意見があれば、性教育は実施せず、個別指導ですすめることになるのでしょうか。歴史、道徳などについては保護者の考え方がちがっても全員の了解を得るべきなどとは文科省も教育委員会も指導していません。性教育にだけなぜ保護者の了解を求めるのでしょうか。

こうした保護者の理解の課題は「学習指導要領」では「配慮」すべき課題としてあげられています。『中学校学習指導要領（平成29年告示）』（文部科学省、東山書房、２０１８年）で見れば、第1章総則の「第5　学校運営上の留意事項」で「教育課程の編成及び実施に当たっては、次の事項に配慮するものとする」として「家庭や地域社会との連携及び協働を深めること」とあります。家庭との連携を配慮するのは当然のことであり、これまでも教育現場では努力を重ねてきた課題です。

その点で東京都教育委員会の指導文書「中学校等における性教育への対応について」（２０１８年4月26日）という、いわゆる「4・26文書」で、「※ 学習指導要領を超える内容を指導する場合には、例えば、事前に学習指導案を保護者全員に説明し、保護者の理解・了解を得た生徒を対象に個別指導（複数同時指導も可）を実施することなどが考えられる」と公表しています。

こうした指導文書を出すのであれば、「事前に学習指導案を保護者全員に説明」する方法とシステムを明示すべきです。現場ではすでに保護者へのお便りやニュースなどで保護者の理解を得る努力がされており、何かクレームがあれば説明をしているのが現状です。こうした教育委員会の指導内容＝性教育の実施方針は、性教育をすすめるための工夫ではなく、子どもたちに必要な性教育の制限・規制の役割でしかないのが実態です。

そもそもこうした方針は、学校現場を権力的に管理するために、「性教育への対応」を口実にしているのであって、性教育の内容を充実・発展させることには〝無関心〟であるというのが実態です。もう一点は、政府・文科省が道徳教育を推進するうえで、性教育とはめざしている子ども像、教育方法、発達論、目的論のすべてにおいて根本的なちがいがあるので、性教育に対する抑制・抑圧が協力に行われているのです。

4　性教育の理論的な方向を考える

性教育の理論的発展方向の３要素

わが国の性教育を発展させるには、何が必要でしょうか。

学習指導要領および各都道府県で発行されている「性教育の手引」の特徴は、学習指導要領の基本的な考え方を超えて教えることに対して、いわゆる〝はどめ規定〟が性教育発展の上限規制として機能していることにあります。その点では、時代の変化や子どもの実態から出発しているとはいえません。

性教育の理論的発展方向の第一に、時代状況と子どものニーズに正面から応える課題をあげておきます。本書第2章で述べたように、これまでの性教育の大きな柱は、性教育カリキュラム編成のあり方として、各学年別にテーマを配列することで組み立てる「テーマ主義」でした。そのテーマを配列するうえでもちろん子どもの現状を念頭においたはずですが、教育行政が〝はどめ規定〟を設け、それを教育現場に押しつけてきたために、テーマを超えて性教育を創造的にまた子どもたちや地域の現実に即してすすめることを制限することになってきました。

その点については第2章の**図表2**（「テーマ主義」と「課題主義」の比較、75～77頁）を参照していただきたいと思います。本書で何度も指摘している都議会での質問にあるように、学習指導要領で「中絶」というテーマは高校段階で扱うことになっているので、中学校の授業では扱ってはならないという主張自体が子どもの現実と発達段階を無視しているといえます。その点では、子どもの現実や地域・学校の現状を踏まえた課題を明確にして性教育実践の中身を検討していく「課題主義」の性教育の組み立てと実践が求められる時代状況となっています。

第二に、性的人権と性的発達の保障が性教育の基盤であることが求められています。そのためには、ジェンダーの理解は不可欠の課題となります。性的人権と性的発達を侵害する行為として、性暴力があります。性的人権の尊重は、自らの性行動を自己決定していくことに集約することができます。性的自己決定能力をはぐくむためには性教育による性の学びが不可欠の条件となり、性教育実践は子どもの性的発達の課題とかみ合った内容であることが求められます。性的発達の保障は、時代状況と子どものニーズを踏まえて、課題を明確にしてこそ具体化できるものです。おとなや教育行政が想定した人生の道程という枠の中で設定していくのではなく、子ども・青年の現実と人生の局面に対応する「課題主義」に則ってすすめることが必要な方向です。

第三は、「国際セクシュアリティ教育ガイダンス」を活かす道を歩むことです。すでに世界の性教育のスタンダードとなっているのが、この「ガイダンス」であり、その改訂版も２０１８年に発行されているのです。国際水準の性教育のあり方を土台に、わが国の性教育をすすめていくことは、わが国の性教育を発展させていく基本的あり方であるといえます。

包括的性教育の方向──「改訂版ガイダンス」で提起された構成

包括的性教育は、セクシュアリティを精神的、心理的、身体的、社会的側面で捉えながら、カリキュラムを基盤にした教育のことです。自らの健康・幸福・尊厳への気づき、尊敬の上に形成される社会的関係と性的関係の構築、それぞれの選択がいかに自己と他者に影響するのかという気づき、生涯を通して自らの権利を守ることの理解と実行が具体化できるための知識・スキル・態度・価値観を子どもに獲得させることが主な目的です。

以下、「改訂版ガイダンス」に基づいて、包括的性教育の構成についてキーワードの説明を通して、その特質を確認していくことにします。

・包括的であること

包括的性教育は包括的で正確、科学的根拠に基づいた内容であり、かつ各年齢に必要な性に関わる情報を獲得する機会を提供しています。その内容はたとえば性器、思春期と月経、生殖、現代の避妊法、妊娠と出産、ＨＩＶ／ＡＩＤＳを含めたＳＴＩ（性感染症）など、性と生殖の健康に関わるものです。一方で、それらだけに限定されるのではなく、他にも社会的文化的状況の中で難しいとされるようなことであっても、学習者にとって必要な情報である限り広範囲の話題を扱うものとなっています。

また包括的性教育で、健康と幸福の実現のために必要な分析的なものの見方やコミュニケーションスキルについての広範囲な学びによって、学習者のエンパワメントを図ることがめざされていいます。その内容は例えば、セクシュアリティ、人権、健康的で尊敬しあう家族関係や他者との関係性、個人的／社会的価値観、文化的社会的規範、ジェンダーの平等、反差別、性における態度、暴力／ジェンダーに基づいた暴力、同意の実現、性暴力や害を及ぼしうる児童婚や女性器切除などの慣習です。

また、ここでの「包括的」という意味は広域かつ深い学習という意味も含んでおり、1回きりの授業よりも、教育を通じて何度も繰り返し伝えられることのほうがよりよい方法と考えられています。

・人権的アプローチ

包括的性教育は人権、つまりは質の高い健康、教育、情報を享受する権利などをもとに作成されており、またそれらの人権や権利を理解できるようにつくられています。また人権的アプローチをとることによって、若者自身が自らの権利とともに相手の権利に気づき、また誰かの権利が侵されている際にはそれに対して立ち上がる力もまた育成しています。また、包括的性教育をすべての人に平等に提供するためには、次のふたつの権利が大切にされることが重要です。ひとつは、若者が性に関して、強制や暴力から解放された環境下において、安全で責任のある、また自他ともに尊厳を踏まえた選択の権利です。もうひとつは、自らを効果的に守るために若者が必要な情報を獲得する権利です。

・ジェンダーの平等

包括的性教育ではジェンダー規範がいかに不平等をつくりだすか、また、そうして生みだされた不平等がいかに若者の健康や幸福を阻害し、それだけでなくＨＩＶやＳＴＩ、早期で意図しない妊娠、ジェンダーに起因した暴力等を防ぐためにどのように影響するのかということにも言及します。包括的性教育では、文化的、社会的、生物学的につくりだされたジェンダー規範を検証することなどによって、ジェンダーが一人ひとりの生き方をいかにして形づくるかということとともに、いかに多様であるのかについても気づかせます。また、相互理解の基盤とともに、尊重しあえる平等な関係性の形成も促進します。それらによってジェンダーの平等を実現しようとしているのです。ジェンダーの視点を理解することは、包括的性教育がより効果的なものになるためには非常に重要なポイントです。

・文化的関連性と適切な文脈

包括的性教育では、文化的構造や規範が各自の選択や関係性にいかに影響しているのかを学習者に理解させ、ときにはそれに対抗することも実践・練習することによって、尊敬と責任ある関係を構築する

図表5-2　包括的性教育の構成

包括的性教育の構成	包括的で正確、科学的根拠に基づいた内容であり、各年齢に適した性に関わる情報を得る機会を提供していること	健康と幸福の実現のために必要な分析的なものの見方やコミュニケーションスキルについて広範囲に学ぶことで学習者のエンパワメントを図る
	「人権的アプローチ」——質の高い健康、教育、情報を享受する権利などをもとに作成されている	「ジェンダーの平等」の理解の促進
	「変革的であること」——より平等かつ寛容な社会の構築をめざしている	「comprehensive」の語源（ラテン語）は「しっかりつかむ／理解する」で、「広範囲の／多くのものを含む／包括的な」という意味

ためのスキルを養います。

・変革的であること

包括的性教育は、個人・コミュニティのエンパワメント、批判的思考スキルの獲得、若者の市民権の強化を唱えることで、より平等かつ寛容な社会の構築に貢献します。そうすることで学習者に性の権利と健康に対するポジティブな価値観・態度や自尊心、人権やジェンダーの平等という視点を育成していくのです。それに加えて包括的性教育では若者に対し、自らの選択や行動に、他者への影響も踏まえて責任を持てるようにエンパワメントします。包括的性教育は、若者が他者を相手の人種、社会的経済的立場、移民であるかないか、宗教、障がい、性的指向、ジェンダー・アイデンティティ（性自認）・性表現などにかかわらず、尊敬と寛容、忍耐、共感を持って接することができるようなスキルの構築をめざしています。

図表5-3　いま、なぜ包括的性教育なのか
～世界の英知が結実した理論と実践～

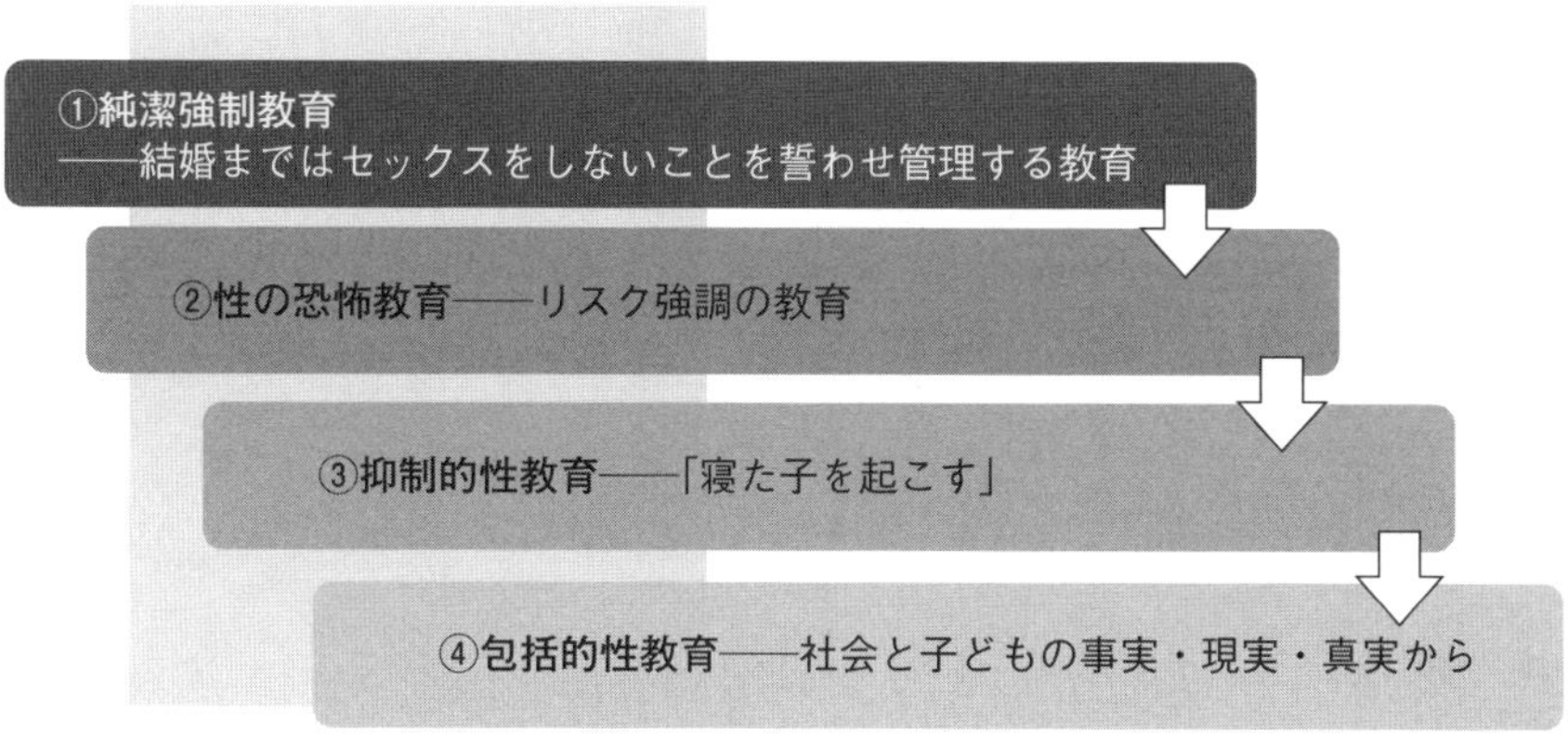
①純潔強制教育
――結婚まではセックスをしないことを誓わせ管理する教育
②性の恐怖教育――リスク強調の教育
③抑制的性教育――「寝た子を起こす」
④包括的性教育――社会と子どもの事実・現実・真実から

・賢明な選択のために必要なライフスキルの育成

賢明な選択のために必要なライフスキルとしては、正しい情報をもとに選択ができること、効果的なコミュニケーションができること、自分の主張ができることなどがあげられます。これらのスキルは、若者が互いを尊敬しあえる健全な関係を家族、仲間、友人、恋人、セクシャルパートナーなどと築くためのサポートをします。

世界の性教育の歩みを見ると、大きな流れとして図5-3のように整理することができますが、実際には世界にはこれらの「性教育」が併存しているのが現状です。①純潔強制教育は、宗教的な儀式などを通じて結婚まではセックスをしないことを誓わせる「教育」です。これはアメリカなどで現在でも強力にすすめられている現実があります。②性の恐怖教育は、性病などの怖さを強調することで、性行動から若者を遠ざけるとりくみで、わが国の教育現場でも長く実践化されていた現状がありました。③はわが国の教育行政が基本的にすすめてきた

「寝た子を起こす」論という性教育の誤った対象認識をベースにした「抑制的性教育」というものです。

　こうした性教育をめぐる大きな変遷の中で、世界の性教育は、「包括的性教育」が明確に主流を形成しているのが現状です。

5　包括的性教育が学校現場で活かされる道を拓く

　東京都教育委員会（都教委）は、２０１８年８月３日～23日に、都内の全公立中学校等６２４校に「性教育（中学校）の実施状況調査」を行い、その結果を９月13日に公表しました。調査は全部で５つの柱で、校長名で回答がされています。

「学習指導要領に示されていない内容を指導することも必要だと思う」という項目に対し、４％が「とてもそう思う」、42％が「そう思う」と回答しており、合わせて46％となっています。いわゆる管理職のレベルでも、半数近くが学習指導要領を超えて性教育の実践をすすめることの必要性を感じていることが明らかになりました。また「生徒は、性に関する正しい知識を身に付けている」かについては約半数が身につけているとは思わないとする現状が明らかになりました。性教育政策の基本問題について、その実際が明らかになってきたといえます。

　同時に、学校における性教育の推進に関しては、89％が「医師等の外部講師の活用が効果的」と答えており、79％が「都教委等から外部講師を派遣してほしい」と要望をしています。

都教委の今回の調査が、性教育の「外注化」（＝外部講師への委託）方針に道を開くことを前提にした調査内容であり、そのための根拠づくりの材料にすることが目的であったといえます。

今回の設問には、学校で性教育を推進し運営するうえでの困難や解決したいこと、さらに教育行政サイドにしてほしいこと、予算措置や人員の希望等、学校で性教育にとりくむために必要な問いがほとんどないことが特徴です。そこから本調査が何のために実施されたのかがわかります。

こうした「外注化」方針は、都教委の性教育政策の矛盾を解決するための苦肉の策であるといえます。各種世論調査で「中学生にも性交、避妊、人工妊娠中絶、性感染症、性暴力等、大切なことをしっかり教えるべき」という声は圧倒的です。

こうした声に応えて、子どもたち、青年たちに包括的性教育を学ぶ権利を保障していくことが求められています。いまこそ包括的性教育をすべての子どもたちが学べることをめざして、性教育政策を国際的スタンダードに準拠し、実践を創りあげていくことが課題になっています。

第6章 包括的性教育の立場で「性教育の手引」を発展させる

――東京都教育委員会「手引」の問題点の解明と性教育実践の展望

すべての文書には作成の目的があり、その内容の基調が一貫している場合もあれば、さまざまな意図が混在している場合も少なくありません。文書作成の意図とプロセス、その社会的背景を押さえながら読み取ることをしないと、文面だけでの評価には落とし穴があることに留意しておく必要があります。同時に教育実践に関わる行政文書であれば、その内容を最大限活かしていく視点で読み取ることも研究運動の重要なスタンスといえます。

本章では、東京都教育委員会（以下「都教委」と略記）編「性教育の手引」（2019年3月発行、以下「手引」と略記）の内容について検討し、その問題点の解明を踏まえて、これからの性教育の実践と研究のあり方を展望します。いうまでもないことですが、「手引」は現場の性教育実践の発展のために作成・改訂されるべきものです。

「現場の性教育実践の発展」には、①時代状況と子どものニーズに真摯に応えるための、現代的な課題をリアルに認識することが問われます。その点では「寝た子を起こす」論の克服が前提的条件となります。②そのうえで子どもたちの性的発達状況の把握（機械的に「段階」という区分をすることにも要注意です）と、子どもたちの質問や疑問に正面から応えていく実践の基本姿勢が問われます。その意味で子どもたちの性的発達を保障することが基本的な獲得目標です。③人生のあらゆる局面に対応できる性的自己決定能力をはぐくむ課題への挑戦があげられます。また、④保護者の性教育に求めるニーズを受け止めながら誠実に応えていくことも重要な視点です。さらに、⑤すでに性教育分野では国際的なスタンダードになっている「国際セクシュアリティ教育ガイダンス」や、「ヨーロッパにおけるセクシュアリティ教育スタンダード」（池谷壽夫「ヨーロッパにおけるセクシュアリティ教育スタンダード――その背景と特徴」『季刊セクシュアリティ』65号、2014年4月増刊号を参照してください）などの研究成果から学ぶことは必要最低限の要件です。⑥加えて教育現場の運営と実践の自由が保障されていることが必須条件です。前回の2004・05年「手引」が発行された時期とそれ以降の学校現場への強権的な管理体制に見られるような学校の運営環境では、性教育は発展しないことは石原都政の教育行政の下で証明されています。

本章では、2019年3月に新たに公表された「手引」の内容をどう読み取ればいいのか、これまでの「〝人間と性〟教育研究協議会（性教協）」の提言（2018年11月16日および2019年6月7日）を踏まえて、総論として率直な問題提起と批判的分析を試みました。「手引」の読みとり方とこれからの研究運動の課題を考えるうえで参考になればと願っています。

1　「性教育の手引」改訂の主な特徴と問題点

「手引」は「平成29年小・中学校、平成30年高等学校学習指導要領改訂の機会を捉え、……平成16・17年に発行した『性教育の手引』を改訂」した内容で、「学習指導要領に示された内容を全ての児童・生徒に確実に指導するとともに、性情報の氾濫等の現代的な課題を踏まえながら、保護者の理解を得て必要な指導を行っていく」など、「適切な性教育の実施に向け」改訂したことが目的とされています（1頁）。

改訂の主な特徴として、以下の4点にまとめられています（東京都教育庁「『性教育の手引』改訂について」２０１９年3月28日、報道発表）。

①「基礎編」と小・中・高・特別支援学校の「実践編」を一冊に製本し、指導の系統性・関連性を重視（傍線は浅井。以下同じ）

②性情報の氾濫や性感染症への対応、性同一性障害等に関する正しい理解等、性をめぐる現代的な課題に対応

③学習指導要領に示されていない内容を含む授業を実施する場合、保護者の理解・了解を得る方法等を具体的に提示

④各校種の指導事例を、生物的側面、心理的側面、社会的側面に加え生命尊重の4つの側面で分類し体系化

「改訂の主な特徴」に関して、①「指導の系統性・関連性を重視」という観点から「手引」を検討すると、中学生に「中絶」は教えるべきではなく、高校段階の課題であるとするなど、性的発達の視点から見て論拠の薄い機械的段階論に基づいて、教育委員会が学校現場を〝指導〟するとすれば、改訂の趣旨は活かされないといわざるをえません。「中学校学習指導要領（平成29年告示）」では、「学校において特に必要がある場合には、第2章（各教科の章――浅井）以下に示していない内容を加えて指導することができる」（21頁）とされており、教育課程の編成において柔軟な「内容等の取扱い」ができることが明記されています。

その点で「改訂の主な特徴」に基づけば、各年齢にテーマを配置し、行政文書で規定された当該年齢以前に授業実践で扱うことに歯止めをかける機械的段階論と両立しないことは明らかです。機械的段階論こそが性教育実践の弊害となっています。

子どもたちの性をめぐる現代的課題に正面から向き合うという「改訂の主な特徴」が、後述するように運営上のいわゆる〝はどめ規定〟がかけられている状況では、②「性をめぐる現代的な課題」は置き去りにされることは明らかです。旧「手引」からの15年間が東京都の性教育を後退させる結果になったことに示されています。

③「保護者の理解・了解を得る方法等を具体的に提示」することで、教育実践をよりやりやすく、保

護者のニーズに応えやすくすることが基本的な課題です。了解とは「納得し、了承すること」で、その方法こそ「手引」で提示すべきです。「学習指導要領に示されていない内容を含む指導」をする場合には、「事前に学習指導案を保護者全員に説明し、保護者の理解・了解を得た児童・生徒を対象に個別指導（グループなど同時指導も可）を実施することなどが考えられます」（「手引」25頁）と記述されています。この文言は、あくまでも「例示」であってそうすべきというルールブックとしての記述ではありません。この点は後述します。

必ずしも今回の「手引」で新たに加えられたものではありませんが、④「生命尊重」をキーワードに「分類し体系化」することが、性教育の道徳教育化に傾斜していく危惧を持たざるをえません。そもそも性教育に、①生物的側面、②心理的側面、③社会的側面に加え、④「生命尊重」が位置づけられていますが、④は側面ではありません。性教育を道徳教育化していくキーワードとして「生命尊重」があり、ココロ主義による教え込みが性教育に替わる内容として示されているのです。それは、中学校3年生対象の「生命尊重」の指導事例にあげられている「自分の命を精一杯生ききる」（「手引」84～85頁）というテーマを、「生命の尊さについて、その連続性や有限性なども含めて理解し、かけがえのない生命を尊重すること」として、特別の教科道徳「D　生命の尊さ」の科目・領域で扱うよう掲げられているなど、「手引」の「指導事例」を見れば杞憂ではないと考えています。積極的に発想を変えて、〝道徳教育の性教育化〟という観点で授業実践を再編成していくことにも挑戦したいものです。「生命尊重」のテーマはからだ学習を土台に、子どもたちの実感をともなった学びにしていくことが可能です。大いにチャレンジしたいものです。

2　「手引」はどう変わったか――可能性の広がりと残された問題点

２０１９年3月の「手引」の内容に関して、何を基準に、どのような視点で見るかによって評価が異なることは当然のことです。

評価・分析基準の項目についてあげておくと、①今回の「手引」をどの時点の「手引」と比較するか、②「発達段階」を踏まえて、どのようなテーマや課題を据えた「手引」なのか、それはとりもなおさず子どもたちのニーズや発達課題・要求に正面から応えようとする内容であるのか、③性教育実践者が使いやすく、実践を創造的に発展させやすい「手引」か、あるいは教育行政や学校の管理職などが現場を管理・統制しやすい内容、率直に言えば「管理のための手引」であるのか、④子どもたちに何を学んでほしいかという要望・願いに応じた保護者と学校の協同のとりくみをはぐくむ「手引」であるのか、⑤「国際セクシュアリティ教育ガイダンス」などの国際的なスタンダードを踏まえた内容であるのか、などがあげられます。

旧「手引」（２００４年・05年発行）との比較

率直にいって、性教育を誠実に志向する人々にとって、旧「手引」は最悪の「手引」でした。その意味では今回の改訂で〝一定の改善〟が図られることは当然のことでした。つまり旧「手引」の本質は、２００３年７月の七生養護学校の性教育への強権的介入と教育現場の管理手法を追認し文書化した内容が基本にあり、都教委による①性教育実践の〝はどめ規定〟の明確化、②教材教具の使用に関する現場管理の強化、③性教育を盾にとって、現場の管理強化をすすめたものにほかなりません。子どもたちの現実を前にして性教育実践にいかに真摯にとりくむかという内容ではなく、支配と管理の文書でしかなかったといわざるをえません。

２０１９年「手引」では、「別紙①　学習指導要領に示されていない内容を含む授業の流れ（例）」（30頁）では、「人間尊重の精神に基づき、自分や相手、命を大切にするための行動を考える」という目標のもとで、ＴＴ（チーム・ティーチング）での授業例が示されており、「授業者…Ｔ１：保健体育科教員等、Ｔ２：産婦人科医等」が例示されています。Ｔ１は導入（７分）とまとめ（８分）を、Ｔ２は展開（35分）を担当し、「避妊法としてコンドーム、ピル」「人工妊娠中絶」「避妊」などを説明するとあります。これはあくまでも例示であり、ＴＴ方式で学習指導要領を超えて性教育のテーマとしての避妊法、コンドーム、ピル、人工妊娠中絶を語ることができるとしているのですから、必要に応じてこれらの学習テーマを学校教員が授業実践することもできることになります。生徒に教えるのが産婦人科医や外部講師でなければならないという法的な根拠はありません。そもそも産婦人科医等がすべての中学校（２０１９年４月現在、区市町村立中学校は６０４校）で毎年授業に関わることは不可能です。その点で「学習指導要領に示されていない内容」を学校教員が授業準備をしたうえで教えることは、今回の「手引」で可能となったとともに、必要になったといえます。

旧「手引」以前のものとの比較

1996年都教委「性教育の手引」（中学校編）を見ると、中学2年生の学級活動における「生命誕生」の授業例として、「性交・受精について考える」が取り上げられています。「ペニス」から「ちつ」に射精する図などが掲載されており、当時の学習指導要領には「性交」というテーマは位置づけられていなかったのですが、そうした中でも都教委の「手引」には「性交」が重要なテーマとして位置づけられていました。

さらに96年「性教育の手引」では「学校と家庭での連携を図る具体的方法」として「計画的に性教育の目的や内容を家庭に知らせ、保護者の要望を取り入れたり、理解と協力を得ることが大切です」としたうえで、①「たより」の発行、②性に関する実態調査の実施、③文化祭等の行事の取り組み、④授業参観の実施、⑤懇談会の工夫などを具体的にあげていました（同「手引」49頁）。こうした取り組みを通して、親の「承諾」「支持」「了解」を得ることは十分に可能であり、どういう取り組みを選択するかは、子どもと地域の現実にあわせて学校と教員の専門的な裁量に委ねるべきといえます。保護者の同意を得て、子どもたちに必要な性教育を具体化していくことが私たちに求められています。また同意が得られない保護者への対応と説明のあり方、その際の子どもたちへの性教育の内容に関しても検討していくことを課題として受け止めたいと思います。

1996年「手引」と2019年「手引」を比較すると、後者では学習指導要領の縛りが運営上実際上で残されており、必要なテーマに関してもさまざまな制約を課している点で、具体的な課題認識、性教育の理念、テーマ設定、実践方法、保護者との連携、学校における性教育推進体制のあり方などを検討すると、23年前の「手引」の内容とレベルまで〝回復〟していないのが現状です。

今回の19年「手引」で「3　性をめぐる現代的な課題」（7～10頁）としてあげられているのは「(1)情報化の進展に伴う課題」「(2)妊娠・出産に伴う課題」「(3)性感染症に関する課題」「(4)性同一性障害等に関する正しい理解」の4項目です。率直にいって、現代的な課題認識を出発点に、性教育の課題とテーマを導き出そうと考えるのであれば、ここで提示されている「現代的な課題」は限定的であるばかりか、子どもの性的発達をめぐる課題への着目がきわめて乏しく、性的トラブルを防ぐという問題対応と道徳教育的な教え込みに力点があることも19年「手引」の基本的スタンスといえます。

実践編の38事例を見ても、問題防止教育としての指導事例が多く、道徳教育的な色彩が強いのが実際です。ここでは中学校編の指導事例7（第3学年）「エイズ予防」について見ると、「感染経路」のほとんどは「性交」ですが、「予防法の模範を示す」と「展開」されているだけでコンドームの有用性について触れられていません。「単元設定の理由」にはわざわざ「異性の尊重」が明記され、「発達の段階に応じた指導が重要である」と記述されています。「指導上の留意点」では「生徒の発達の段階を踏まえること、学校全体での共通理解を図ること、保護者の理解を得ることなどに配慮する」ことがあげられています。

19年「手引」における「発達段階」の恣意的な使われ方については、伊藤修毅「東京都教育委員会『性教育の手引』と『発達段階に応じる性教育』」（『季刊セクシュアリティ』92号、2019年7月）で全面的に問題を解明し本質的な批判を展開しているので、参考にしていただきたいと思います。

性教協の提言との関係で

「手引」の改訂作業がすすめられている過程で、私たち「一般社団法人〝人間と性〟教育研究協議会（性教協）」は「東京都教育委員会の『性教育の手引』改訂作業に関して――現場の性教育実践を応援し発展させるスタンスで改訂作業を」（２０１８年11月16日）を発表しました。

この性教協の提言との関係で「手引」を分析・評価すると、「1．いま、何が性教育で問われているかの認識の共有を」という提言に対して、結局のところ「手引」の「現代的な課題」の認識は問題対応教育へと収斂していくものとなっています。

改訂作業に対する問題提起として、「改訂に際しての討議内容の公開」「広く意見を聞く機会の設定」という提言に対しては非公開を貫いて、ブラックボックスの中ですすめられました。広く英知を結集して「手引」を作成することにまったく後ろ向きであったことは、教育行政の姿勢としてきわめて残念な状況でした。

提言「具体的な提案」にある「①教員による学習内容や教材等の編成権の保障」に関わって、「手引」には第5章【実践編】「特別支援学校における性教育」の項で「年間指導計画作成上の留意点（５）適正な補助教材を使用する」で、２００３年7月に都教委・３名の都議などによって引き起こされた「七生養護学校事件」に関連して、次のように記述されています。

都教委は「『都立盲・ろう・養護学校経営調査委員会』を設置し……必要な改善策を検討しました」（「手引」１１２頁）とありますが、「検討」したにとどまらず実行したことに対して、「こころとからだの学習」裁判で高裁でも最高裁でも断罪されたことへの反省が微塵《みじん》も感じられません。続けて「補助教材については、児童・生徒の発達の段階と学校の性教育のねらいに適正に対応しているかどうかの視点から選択し、使用することが重要です」（112頁）と記述されており、〝選択と使用〟に関しては現場の専門的判断に委ねられています。その点では、旧「手引」が性教育を抑制するひとつの梃子《てこ》となった事実を考えれば、「今回、『不適切』が消えたのは大きな一歩」（七生養護学校元教員で「こころとからだの学習」裁判の元原告団長である日暮《ひぐらし》かをるさんのインタビュー記事「東京新聞」2019年3月29日付朝刊）であることに確信を持ちたいと思います。

この際、あらためて記しておきますが、元・七生養護学校から都教委が持ち去った性教育用人形や教材・教具、書籍などを、都教委の責任において現場に返却することを求めます。都民の共有財産を廃棄処分にしているとすれば、どのような権限と規定のもとで、いつ、どのように行われたのかを明示されなければなりません。

なお、提言の説明と論点については、艮香織「東京都『性教育の手引』改訂作業への提言作成にあたって」（『季刊セクシュアリティ』89号、2019年1月）を参照してください。

国際的スタンダードとの関係で

「ガイダンス（初版）」（翻訳書、明石書店、2017年、168頁）では、レベル3（12〜15歳）の学習目標で「コンドームの正しい使用を含め、HIVやその他の性感染症に感染したり他人にうつしたりするリスク低減のための具体的方法を確認する」「安全なセックスをすることを話し合って決め、危険な性的行為を断るスキルを示す」（「基本的構想６：性と生殖に関する健康」）ことなどがあげられています。どちらが子どもたちの現実と発達状況に応じた性教育の中身を提示しているかは明らかです。国際的なスタンダードから「逸脱」している「手引」といわざるをえません。

3　研究運動はこの局面をどう乗り越えていくか
――「手引」の基本スタンスのゆらぎと〝はどめ規定〟の運営上の堅持

まず前提として「社会に開かれた教育課程を編成する」（Ｉ「性教育の手引」の改訂に当たって――６頁）ことが強調されているのですが、性的発達課題を整理している「国際セクシュアリティ教育ガイダンス」が一言も出てこないばかりか、子どもの権利条約、女性差別撤廃条約、障害者の権利条約にすらまったく触れていないことは、「手引」のスタンスの基本的〝欠陥〟です。

旧「手引」と比較すれば、改善され修正されている部分もありますが、重要なポイントは学校教員による性教育をどうすすめていくのかということで、「手引」はいくつもの制約を設けているのが実際です。

〝はどめ規定〟から〝はどめ措置〟に——旧「手引」の克服の状況

いわゆる〝はどめ規定〟を前面／全面に立てて「手引」を構成できなかったことは、現在の到達点であるといえます。いずれにしても「不適切」を文言上の骨格に据えていないことは旧「手引」のレベルから大きく変化している点です。

こうした改善にとりわけ大きな影響を与えたのは「こころとからだの学習」裁判の闘いと勝利、都議会文教委員会における自民党都議による性教育バッシング質問（2018年3月16日）への反撃、マスコミでの性教育への積極的な支持と期待の記事の広がり（その中には「ガイダンス」の積極的な評価なども含まれる）などです。

こうした動向と同時に、「外部講師の導入」に当たって、保護者の了解をえることを前提に、性交・避妊・中絶などのテーマを実践的に組み込むことを認めざるをえなくなってきた状況のもとで、〝はどめ規定〟の表現を前面に立てられなかったという政策上の矛盾が起きています。こうした状況を踏まえて、子どもたちに必要なテーマを語るうえでの〝はどめ規定〟に風穴が空いたことは重要な事実です。この点をどのように活かして、今後の性教育実践と研究運動につなげていくのかが私たちに問われています。

「手引」には実践事例が例示されていますが、もっと必要なテーマもある中で、これらの例示されたテーマを教えることが優先されれば、必要な課題とテーマに踏み込むことにならず、授業計画上実践上の〝はどめ事例〟となる可能性があることに留意しておく必要があります。

〝はどめ措置〟への対抗と具体的実践

乗り越えていくべき最大の課題は、運営上の〝はどめ措置〟の克服です。それは自主規制を含む具体的な状況となる可能性があります。

「第1章　基礎編『Ⅳ　学校における性教育の進め方』４（２）指導に当たっての留意点」では、「性教育に関して使用する用語は、必ずしもその意味が共通認識されないままに使用されるという状況があります。特に新たな表記や外来語などについては、その意味を確かめる必要があります」（25頁）、「個人差等に十分配慮する必要があります……発達の段階に即した適切な情報を提供します」などの留意点が示されています。

「（３）学習指導要領に示されていない内容を含む指導」には、「在籍する児童・生徒の状況から校長が判断し、学習指導要領に示されていない内容を指導する必要がある場合には、事前に学習指導案を保護者全員に説明し、保護者の理解・了解を得た児童・生徒を対象に個別指導（グループなど同時指導も可）を実施することなどが考えられます」（25頁。傍線は浅井）と記述されています。

これは〝はどめ規定〟の運用上のバージョン、すなわち〝はどめ措置〟としての側面を強く持ってはいますが、すべての保護者から了解をえられさえすれば、クラスで実施できる道が開かれることが運営上保障されたといえます。保護者全員に説明し、「理解・了解」をえる方法を、学校運営の専門性のあり方として具体化していくことにチャレンジしていきたいものです。この点、保護者の了解をえられたら、「個別指導」で実施しなければならないと限定されるものではけっしてありません。クラス全体での実施も含めた「グループなど同時指導も可」という選択肢がふくまれることは当然です。「手引」で規制するのではなく、現場の専門的判断に委ねられるべき課題として捉えるべきです。

この点は、現在の学校現場での性教育の推進体制と議論のシステムをどのように変えていくかの検討が求められています。外部の研究者や専門職を組み込んだ「性教育推進プロジェクト」「チーム性教育」などの具体化をすすめることも重要なとりくみです。その際に大切にすべきことは、子どもたちが性教育に求めている具体的な内容に真摯に応えていくことであり、子どもたちの発達要求に向きあっていくことなのです。

4　私たちが作成する「手引」の骨格

各現場での「手引」の運用の基本は、「手引」に縛られるのではなく、あくまでも「参考例」(何かをしようとするときに、他人の意見や他の事例・資料などを引き合わせてみて、自分の考えを決める手がかりにすること)として創造的に活用されることです。

行政が提出する文書は、時とともに管理的運用が強化されることがよくあります。「手引」の内容を、①後退させないための具体的な運用の追求、②一人歩きさせないための読みとりと実践内容の集団的検討、③自主規制しないためにも挑戦的な性教育実践の提起などが重要だと強調しておきます。その点で「手引」の内容を変質させないことは研究運動の大きな役割であるといえます。

東京都だけでなく、各自治体の「性教育・性に関する指導の手引（き）」などを検証し、問題提起することは研究運動に求められている課題です。
これからの展望として、「手引」に基本的な問題があれば、私たちが現場の実践にとって必要な参考例として「手引」を作成することも研究運動として求められています。以下、私論的に「手引」の構成案を提起しておきます。

子どもと時代のニーズに応える「性教育の手引」――学校現場で活かすために

まえがき――「手引」の基本スタンス
性教育の基本目標
抑制的性教育（「寝た子を起こす」論）の克服に必要なこと
包括的性教育の基本スタンスと実践の柱
人権教育としての性教育、道徳教育との峻別
世界の性教育から学ぶ――「国際セクシュアリティ教育ガイダンス」などを参考に
1．性教育がめざす人間像・人間観
2．子どもの性意識・性行動調査から読み取る子どもの性をめぐる課題
3．科学・人権・自立・共生の性教育の理念・考え方

4. 子どもの性的発達の理解――関係性、からだ、性に関する知識・態度・スキル、各年齢段階の発達課題などの整理
5. 年齢別性教育の課題とテーマ――課題主義に則った性教育の学習目標とカリキュラム構想
6. 学校における性教育の運営体制
7. 性教育の社会的連携・ネットワークの形成――学校外との連携、外部講師との連携など
8. 性教育の実施後の評価・分析・改善点の明確化
9. 課題に即した性教育実践の紹介
10. 参考文献

第7章

性教育をすすめるとき、すすむとき、そして立ち止まるとき

――ゆたかで多様な実践の可能性

私が新卒の時（もう50年以上！も前のことだが）保健の授業がうまくいかなくて先輩の教師に悩みを打ち明けたことがあった。色々なやりとりの結果、先輩の下宿をテープレコーダー（何とオープンデッキの！）を持って訪ね授業展開を録音させてもらった。そして何度も何度も聴いて、私は自分の授業に臨んだ。

今思えば素朴な文化の伝承であったし、そうやって少しずつ私は自信をつけていったように思う。昔話にはしたくない。

若き日の青年教師から学ぶ

右の一文は「学校で性教育をはじめるために（その1）」を特集した『季刊セクシュアリティ』（84号、

2018年1月）の編集後記で村瀬幸浩さんが書かれたものです。私はこの数行のことばに心を揺さぶられました。

村瀬幸浩さんは、高校教師として教育現場で長く性教育実践に取り組んできた方です。民間の教育研究運動団体である「〝人間と性〟教育研究協議会」の立ち上げに関わり、代表幹事、事務局長といった会の中心的リーダーとして、また多くの性教育の書籍を刊行することで、理論的にも性教育実践をリードしてきた方です。

この若き日の青年教師の姿の中に、性教育の実践をはぐくむいくつもの手がかりがあると思うのです。ひとつは自らが一歩を踏み出し、模索し挑戦している実践者としての構え方です。自らがまずは手探りでやってみて、授業のねらいや想定している生徒たちの反応とはちがう現実を誠実に見つめることを通して、次に向かう準備をしていることです。村瀬さんがずいぶんと前ですが、こんなことを話してくれたことがありました。「新任の頃、授業で各クラスを回るのだが、今日のAクラスは○、Bクラスは×、Cクラスは△というように、相撲の星取表のようなものを作って記入をしていた。だんだんと○が多くなっていくことで、この仕事でやっていけるという自信を持てるようになった」と。講演でも会議でも理路整然と語る村瀬さんが新米教師の頃はそうだったんだと、なんだか励まされた気持ちになったことを覚えています。あの村瀬さんが青年期にこんな揺らぎの中で、自分を奮い立たせて授業に向かっていたと思うと、なんだか勇気が湧きませんか。

もうひとつあげておきますと、授業がうまくいかなかったとき、明日はこんな題材と方法で、導入部はこうで……などと〝実践のゆらぎ〟が創造性の原動力となるという基本です。でもその通りにはいかないので、つぎの日のためにまた考え準備をする……。そこで問われているのは〝ゆらぐちから〟ではなく、〝ゆらぐことができるちから〟なのです。つまり準備をして誠心誠意の努力をして授業に臨んでも、うまくいかないときに、ほかの方法や実践のあり方を模索する実践の柔軟性や振幅性、創造性が〝ゆらぐことができるちから〟であって、主体的に自らが研究し変わっていくこと、つぎに挑戦する方法を主体的に選択すること、さらにいくつもの方向と内容を探ることなどが〝ゆらぐことができるちから〟なのです。そうした実践的研究と研究的実践のあり方が、性教育をすすめるときに求められています。

さらに「何度も何度も聴いて、私は自分の授業に臨んだ」という中には、単純に真似てなぞるような授業実践をされたのではなく（はじめはそうであっても）、聴きながら実践の主体者として何を付け加えて、何を捨てるべきか、あらためて授業展開はどうあるべきかという学び方をしたうえで、授業に挑まれたことでしょう。

こういうことを書くと、「そんな時間的な余裕も教師間の関係なども、今の教員にはない！」といわれるかもしれませんね。たしかにそうかもしれません。でも私が本章で貫いているスタンスは、精神主義だと批判されるかもしれませんが、〝決意こそ創造の母である〟という観点から、「私」の決意と本気（本当の気持ち）をどうはぐくむことができるのかを問うものです。みなさんと周りの教員仲間の本当の気持ち、教師の魂と志を私は信じたいし、「私」はこのエピソード（ある人について、あまり知られていない興味ある話）を「昔話にはしたくない」ということばを胸に刻みたいと思うのです。

教師のことばが届くとき――ＡＩ（人工知能）と教師の生の声のちがい

文字にすればまったく同じことを語っているのに、相手に伝わる場合と伝わらない場合とがあるのは、どうしたちがいによるのでしょうか。端的にいえば、それは発することばに感情を重ねて送りだしているかどうかのちがいです。科学的な知識を豊富にコンピューターに詰め込んでセットすれば、ＡＩ搭載ロボットの方が確実に正確にことばをしゃべり、資料も説明し、トータルでバランスの取れた内容を予定通りに、授業時間内で話すことのできる有能なスピーカーとなるでしょう。

パソコンで打ち出せば文字的には同じですが、実践者の側の想いやねがい、表情や息づかい、さらに感情を込めてことばとして送り出しているかどうかではないでしょうか。いい実践者の授業には、科学的な内容とともに心と感情のこもったことばが子どもたちに届いて、生徒たちが感性と知性のレベルで受け止めている関係性を見ることができます。

では、〝ことばに心と感情を乗せて語る〟とはどういうことをいうのでしょうか。

私たちが授業実践で発することばの根底には、発する側が何を伝えたいのかという想いやねがい、希望などが塗りこめられているのが実際です。では、そうしたことばを発する側に必要なちからとは何でしょうか。

その第一は、子どもや地域、社会の現実をどのように感じとり、何を課題と考えているのかが問われていることです。子どもといっても、子ども集団（学年レベルやクラスではずいぶんとちがうこともあります）であることも、また子ども個人や〝気になる子〟〝やんちゃな子〟がいることを意識することもあるでしょう。「国際セクシュアリティ教育ガイダンス」の特徴として「課題主義」という用語を使って私は説明していますが、何を「課題」として捉えるのかによって、考え方とかかわり方がちがってきます。実践と行動の出発点には、理論や思想の前に、私自身が何を解決しなければならない問題＝課題として考えているのかが問われるのであって、その過程で自らの理論や思想も鍛えられ、学び直しのあり方もちがってくるのではないでしょうか。

第二は、性教育・セクソロジー（人性学）の最新の理論と実践を学び続けていることです。自己教育としての学びは実践を見直し、新たな挑戦テーマを発見し、専門職に必要な勇気を生み出すことになります。私が児童養護施設で働いていたときに、施設内での子ども間の性的な問題が起きたことから、性教育に関心を持ちはじめた時期に、関連する文献はけっして多くはありませんでした。日本性教育協会の『現代性教育研究月報』（1983年7月〜2011年3月までのマンスリーレポート）を遡って読み漁り、翻訳本の古典などを買うために古本屋回りなどもよくしたものです。山本直英《なおひで》さん（「〝人間と性〟教育研究協議会」元代表幹事）や村瀬幸浩さんが次々と出版される書籍が出るとすぐに買い、読み漁る毎日でした。それは砂地に水が吸い込まれていくようにという表現がぴったりする学びの日々でもありました。

第三として、議論をする場の大切さを上げておきます。学校現場での実践の総括や方針論議、さまざまな研究会での議論も重要ですが、ここでは「〝人間と性〟教育研究協議会」での私の学びに触れておきます。性教協の例会や全国夏期セミナー、理論と実践講座などは私にとっては本当に〝目からウロコ〟状態の連続でした。それは知的ショックとでもいう感覚でした。当時勤めていた児童養護施設では、離婚について〝家庭崩壊〟という用語とイコールで語っていても何も躊躇がなかったのですが、その点についても研究会で高柳美知子さん（「〝人間と性〟教育研究協議会」元代表幹事）と激論を交わしたことがあります。その指摘を受け止めることに、時間はあまり要しませんでした。家族に関する捉え方についても、父母と子ども（場合によっては祖父母）がいる伝統的な家族形態こそ〝正常〟で〝フツー〟のあるべき姿と思い込んでいたのですが、議論と指摘を受ける中で私の家族観を根本から変えることになりました。そうした連続が性教育の学びのプロセスでもあったのです。この過程を一言でいえば、性教育の学びはまさに自己変革の歩みであったということです。〝自己変革を恐れるものに発達なし〟です。多くの場合、男性にとって性の学びは自己解体の要素を多く含んでおり、女性にとっては自己解放という側面を持っています。男性の自己解体の後には自己解放がつながるように接続していくことは、性教育の現代的課題の一つです。

もうひとつだけあげておきますと、性教育は出会いがとても大事です。古川聖子さん（公立小学校教諭）は「運命的な出会い」を語られています（「インタビュー　私と性教育――これまでとこれから」『季刊セクシュアリティ』84号、2018年1月）。出会いのチャンスを活かすかどうか、それはいわば運のレベルもありますが（いい仲間や管理職に恵まれるなど）、いくつもの出会いを活かすかどうかは「私」の勇気と努力であると強調しておきたいと思います。組織的な発展も個人の決意・勇気から第一歩がはじまるのです。そして誤解を恐れずにいえば、組織は上からつくられるのです。ひとりの勇気ある呼びかけと行動なしには、連携も連帯も自然発生的につくられるわけではないのです。上からつくられることはプロセスの問題であって、平等で民主的な関係性・運営と対立する概念ではないことを申し添えておきます。

ゆたかで多様な実践の可能性

ゆたかで多様な実践の可能性について触れますと、第一に〝これならできる〟という現実的な判断もありますし、それを否定はしませんが、あえていえば〝このテーマと課題について語る必要がある〟〝語ってみたい〟という出発点と立ち位置を大事にしたいと思っています。率直にいえば、問題意識をしっかり持った実践こそが発展のエネルギーを蓄えています。一方で、できるところでやってみて、新たな課題を発見し次の実践へとつながっていくという道筋があることも実際です。一番やりづらい学年・クラス・グループであっても、子どもたちが求めている根源的な学びの要求に挑戦する意志を持ち続けるかどうかが、教師の専門的勇気でもあるのです。その点で〝やれる実践〟と〝やりたい実践〟の狭間で、何をどのように計画していくのかも、実践者に問われる課題です。その組み合わせを考えながら、大事なことは、いま私がやりたい実践、やるべき実践とは何かを問い続けることです。性教育実践者における「発達の最近接領域」（他者の援助・協力関係において「あることができる（＝わかる）」という行為の水準ないしは領域のこと。別の表現をすれば、現在の発達水準と、他者からの援助や協同により実現可能となる、次のより高度な発達・実践水準のずれの範囲のこと）を広げていくことが、ゆたかで多様な実践には必要なことなのです。

第二に、ゆたかで多様な実践をすすめるためには「発想の転換」が必要です。発想とは「新しい考えや思いつきを得ること。また、その方法や内容」のことをいいます。学ぶことで実践はよりゆたかになり、具体化していく可能性が広がります。学ぶことの中身には、本を読むことで性教育に必要な知識

（哲学・人権論から社会学、身体学、発達論、人間関係論、法律など）を獲得すること、研究会などに参加すること、ほかの先生の授業実践を参観することなど、広くて多様な学びがあります。あえて強調したいのは、学ぶことの基本は本を読むことです。それは問題意識を失わないうえでも必要な努力です。〝学ばぬものに発達なし！〟といわなければなりません。

性教育づくりの転換は、①観点・学びの転換、②実践内容・方法の転換、③仲間づくり・ネットワークづくりの転換によって具体化され、性教育実践をゆたかに花開かせる可能性が広がります。

①観点・学びの転換は、性教育が子どもの性行動を誘発するなどの主張は論外にしても、その目的が生徒（集団）に問題行動を起こさせない手段としての性教育観から、科学・人権・自立・共生の性教育の理念を自らの実践の観点として獲得することがあげられます。そのためには自らの自己変革をともなう学びのあり方が問われているのです。性教育観の転換が実践を創り、そのプロセスの中で性教育の見直しとバージョンアップの可能性が広がるのです。

②実践内容・方法の転換は、①の転換と重なりながら、たとえば、一方的な語りの授業から対話型の授業実践に、さらに子どもの現実と課題を踏まえた授業計画の作成、「国際セクシュアリティ教育ガイダンス」を活かした子どもの課題の発見などによって実践内容と方法を発展させることがあげられます。

③仲間づくり・ネットワークづくりの転換は、性教育を発展させていくうえで、必要な条件整備となります。個人が切り拓く実践から学校内での組織的なとりくみへ、さらに地域の専門職・専門団体との社会的連携の中でこそゆたかで多様な実践の可能性を広げることにつながります。性教育は学校の体質を問いながら、子どもの現実から出発する教育実践に立ち返る視点を提起するとりくみともなります。

性教育はその中身の変革とともに、性教育を通して学校変革と子どもとの関係をつくり直すきっかけともなります。それは教員の子ども観と教育観を変革する営みでもあるからです。その点で性教育の理論と実践は可能性に満ちたとりくみといえます。

授業実践の生命線とは何か――実践のプロセス

では授業実践の生命線とは何かを整理しておきます。

第一は、学習目標の設定の確かさです。その確かさは授業計画の作成者・授業者が子ども（集団）のリアリティをどう捉えているのか、子どもと地域の現状に対する問題意識に関わっています。

第二に、実践者が何を問題とし、課題を発見して取りあげるのかが授業実践の生命線といえます。それは子どもや家族が背負っている問題の社会的背景や構造をいかに捉えているのかが問われることになります。

第三に、授業実践では授業の運び、学びのプロセスのあり方が問われます。実践者の働きかけと生徒たちの応答が具体的にどのように生き生きと繰り広げられたのか、教師と生徒のやり取りの中で、お互いの中に何が醸成されたのかが重要なことです。授業実践では何を教えるか、生徒が何を学ぶのかが重要ですが、性教育実践を創る観点では、固定的な価値観からゆたかで多様な行動の選択肢があることを知り、その中で何を選択するのかという判断の基本的観点を学ぶことではないかと考えています。

第四として、授業テーマの位置づけ、何のためにこのテーマを取り上げるのかが明確にされ、子どもの知識・価値観・スキル・行動・態度の変容にどう働きかけているのかが問われます。子どもと社会の未来を語るという視点で授業テーマに挑むことが求められます。

第五に、学習方法としてどのような方法を選択するのかも授業実践では問われます。それは第一から第四までの内容と深く関係していることはいうまでもありません。

第六として、資料・情報の収集とアクセスのあり方も重要な課題です。

第七に、授業実践の評価をいかに行うことができるのかを検討していくことは重要な課題です。感想用紙から読みとることとともに、子ども自身が学びの自己評価をどう行っていくのかに照準をあわせて検討したいものです。

第八として、現場における研究は、未来の実践をどのように創っていくのかをめざして具体化されているものです。むしろこれからの課題を示そうとしない授業実践は、肝心のところが抜けているといわざるをえません。

授業実践には創造力と想像力が求められます。実践そのものと同時に授業計画にも自らが何を大切にし、何をめざすのかが問われます。自らの実践と子どもたちの現実を読みとる想像力と、何を創りだそうとするかという創造力が問われているのです。

想像力は、私たちの実践に意味を持たせ、知識をつなぎ合わせるシナプスの役割を持っており、授業実践を創造する基本的な能力です。想像力は、実践や子どもの生活プロセスをわかるうえでも、また実践という物語を紡いでいく際にも問われており、それは授業報告の読み手においても求められるちからであるといえます。

書くことで拓く可能性

もうひとつ、ゆたかで多様な実践の可能性を拓くとりくみとして、書くことの意義について触れておきます。自らの実践の記録を通して実践を分析・客観化すること、また授業計画や実践プログラムを作成することで創造的発展をイメージし、何を大事にした実践をすすめるのかが確認できることがあります。授業実践を記録する際に、大切なことをふたつあげておきます。ひとつは「なぜ、何のために実践報告を書くのか」ということです。もうひとつは、授業実践の記録、授業計画にはこれを貫く目的が明確であることが求められます。書こうとする意欲・信念を持続させるためには、子どもや社会の現実への怒りや、貧しさやマイノリティの人々への共感などが必要です。

実践報告を書く目的によって、記録する対象の設定から書き方をも規定することになります。書きたいというほとばしる動機、目的、ときには〝失敗〟事例に対する悔いであったりすることもあるでしょう。〝弱い立場におかれた人々への共感を貫く〟という書く側の姿勢の大切さがあります。この点を忘れた実践の記録には、〝わかること〟とともに〝感じること〟が乏しいことも少なくありません。困難な暮らしを強いられている子どもや課題を背負っている子どもへの共感も、努力して獲得する感性であることを強調しておきます。

授業実践の記録を書くということは、目標（とりあえずの目標や確固とした長期的な展望の中の目標までいろいろある）をもった実践を踏まえた分析・総括・反省を通して再実践という循環の営みです。そうしたとりくみは、すでに時間的には経過をした実践の再構成という側面をも内包しています。さらにときには仮説実験的なとりくみを構想するまとめともなりうるし、それが再実践の土台になっていく可能性があるのではないでしょうか。

文字にするちから　語るちから　心するちから

浅井　春夫

人間にはいろいろなちからがある。

苦しいこと、辛いことをことばにはできないけれど、文字にすることはできる。

うれしいこと、感激したことを思いっきりことばで表わしにくいことがあるけれど、文字にはできることがある。

文字だからこそ語ることができることがある。


語ろうと思うと、その瞬間、語りにくくなることがある。

それでも口にすることで、心が伝わることがある。

語ることは、相手が語ることを待つことでもある。

語ることで相手と心を通わせることができることもある。

人間は必死で文字にすることが必要なときがある。
自分の存在をかけて語ることを求められるときがある。
そして心を失わずに、心するちからが試されるときがある。
心を失わずに生きることがたたかいであるときがある。
そうした人間である自分を信じたい。

（ＮＨＫ「明日へ」で「福島百年後にあてた子どもの手紙」を観ながら　２０１４年９月21日）

そして立ち止まるとき

今仁美哲朗さん（『季刊セクシュアリティ』84号、2018年1月、で『インタビュー　新人教員がベテラン教員に聞く』で登場する公立小学校教諭）は、性教育を「授業として始めたのは次の学校に行ってから。初任8年目からですよ。……自分でやり始めようっていうことで、もうゲリラ的にです。ゲリラ的というのは、他から見れば、相談もなく1人で突然やりだしたということです」と語っています。今仁さんは、子どもの現実に直面する中で、ひとりでクラスでの性教育をはじめ、ある市で学校が正式に参加する性教育の実践交流研究会を仲間たちとともに立ち上げ、バッシングの時期にも毅然として性教育実践を継続してきた教員です。たじろがないで教員として、子どもたちの前に立ち続けている教員です。

ここには、教員個人としての発達のダイナミズムがあるのではないかと思うのです。ペンネームは今仁美哲朗（いまにみてろう）で、この教師としての執念が本人の性教育実践を花開かせたのであり、自治体における集団的な研究活動の組織化をすすめることができたのだと思うのです。ではこの「執念」とはいったい何なのでしょうか。子どもや家族、地域の現実を見つめる中で、教師として避けてはならない実践として性教育が位置づけられてきたのであり、「ゲリラ的」に実践に踏み出したのではないでしょうか。

軍事的用語（ゲリラ的、正規軍的などの用語）を避けて説明すれば、性教育の実践・運営方法もまた、個人ができるところから踏み出す実践と、集団的組織的に学校ぐるみ・地域ぐるみですすめる協同のとりくみがあります。どちらを先行させるのかは学校や地域の状況によって変わってきます。すでに「国際セクシュアリティ教育ガイダンス」が世界の共有財産となる中で、性の学びと多様な性の共有化は子どもの権利と国・自治体・教育行政の責務としてあることが確認されるべきです。学校教職員集団の連携的とりくみと地域の専門職の協同をつくりながら、一人ひとりの教育の創造的実践が自由に花開くことが求められているのです。教える側も輝くことになる包括的性教育を教育現場に届けたいものです。

学校環境は性教育がしやすい万全の体制にあることは、わが国の歴史では一度たりともありません。学校環境が整ってからといった考えでは、結局は実践への着手は永遠に未来の課題になってしまいます。大事なことはいま、目の前にいる性の学びを必要としているすべての子どもたちに性教育を実践していくことなのです。わが国においても、世界の多くの国々においても、性教育は偏見と攻撃にさらされながらも実践を切り拓いてきた歴史とその中で鍛えられた実践者のレベルの高さがあります。

いつも前に走り続けることができるわけではありません。気持ちが萎えて、立ち止まり、後退することもあります。だって人間に向かい合う教師・専門職なんですから！「一歩前進、二歩後退」の精神でいきましょう。二歩後退しても、歩みを止めたそのあとの一歩が二歩以上の大きな一歩であれば、立ち止まった時間と経験が意味を持ちます。一回り大きな教師として、子どもたちの前に立てればよいのではありませんか。

性教育をすすめる自分づくりのために

性教育は自己変革とのたたかいが求められます。自己変革には決意と本気が必要です。でもそんなに簡単に自分づくりができるわけではありません。ゆっくりと、ときには急いで「性教育をすすめる自分づくり」をするためのポイントをまとめとして書いておきます。

①いま子どもたちに語ってみたいことを心に描くこと

「これならできる」実践も、「これをやりたい」とねがう実践も、何を子どもたちに語ってみたい、伝えたいと思うのかが重要なポイントです。それは子ども（集団）の課題をどのように捉えているのかが問われる内容です。子どもたちの現実、子どもの疑問や質問、つぶやき、子どもとの対話などから子どもたちに語ってみたい、語らずにはいられない課題やテーマを描いてみることが出発点でもあります。教育の営みには、山登りと同じように頂上（目標）を設定することから具体的な歩み（方法と内容）がはじまるのです。

②ちょっと背伸びして目標にすべき実践も視野に

『季刊セクシュアリティ』の水野哲夫副編集長（当時。現在は編集長）は、編集会議で特集テーマに関わって実践例を整理した中で、手の届きそうな実践づくりを目標にしてみる必要性をあげています。実践と研究のチャレンジが専門職の発達には必要なことです。実践における「発達の最近接領域」を視野において学びながら、目標を持って実践を構想していくことが重要なポイントです。

③語りあえる仲間をつくること

個人で努力を続けていくことはしんどいものです。最近、「ガイダンス」の学習会でお伺いしたあるサークルでは、長い期間、〝一人サークル状態〟だったけれど、お一人が加わって話し合いができるようになり、人脈も一気に広がり、活気がでてきたといわれていました。そういわれた教師の顔が輝いていました。

性教育のすべてのテーマや授業内容でなくても、性の学びのどこかに関心がある仲間は学校内にも必ずいるはずです。要は、職場の仲間を見る私の人間観が試されていると考えたほうがいいのではないでしょうか。

まだ性教協に入会されていない方がおられましたら、ぜひサークルでの例会、全国夏期セミナーなどで、ともに学ばれることを心から呼びかけたいと思います。

④教職員の性教育へスタンスはいわゆる「反対」「支持」というだけでなく実に多様です

人間とくに専門職は自らの活動領域と立ち位置によって人権感覚が見えやすかったり、制限的であったりすることも少なくありません。周りにいる教員は自らの性教育観を明確に表明するかどうかは別にして、「反対」「支持」とはっきりと二分されるのではなく、流動的な「中間」派といえる圧倒的多くの教職員がいるのが実際です。「反対」派などとレッテルを貼ることなく、まだ声かけをされないで性教育の中身と真実を知らないままでいるだけなのではないでしょうか。私たちがそうであったように、性の学びのチャンスがあれば〝目からウロコ〟ともいえる知的な地殻変動を起こすことが少なくありません。そうであればすべての教職員に情報発信と提供を行い、どのような具体的な働きかけをすることが必要なのかを考え続けたいものです。

⑤自らの本棚に性教育と関連分野の書籍を増やすことが本気度の目安です

現在は多くの書籍が出版されていて、研究環境は私が性教育を学びはじめた頃と比べると雲泥の差があります。橋本紀子・池谷壽夫・田代美江子編著『教科書にみる世界の性教育』（かもがわ出版、２０１８年）は、教科書を通して世界の性教育がゆたかに発展していることを紹介しており、まさにコンパクトに９か国の性教育政策と実践内容を学ぶことができる本です。

浅井春夫・艮香織・鶴田敦子編著『性教育はどうして必要なんだろう？』（大月書店、２０１８年）は、①性教育の必要性を子ども・青年の現状、これまでの性教育政策の問題、性教育バッシングの理不尽さなどを具体的に論じ、②「国家はなぜ家族と性に強い関心をもつのだろう？」という問いを立て、性教育をめぐる動きの背景を分析し、③「包括的性教育をすべての子どもたちに」として性教育の発展方向を明示し、④「世界の流れと日本のいま、これからの課題」を多角的に説明しています。コンパクトに

教科書にみる 世界の性教育

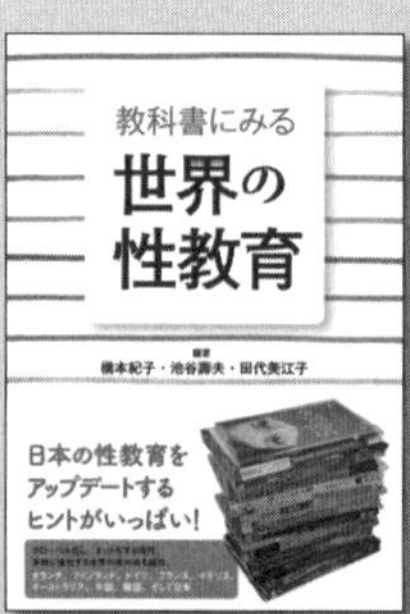

橋本紀子・池谷壽夫・田代美江子編著
かもがわ出版
2018年

性教育はどうして必要なんだろう？
——包括的性教育をすすめるための50のQ＆A

浅井春夫・艮香織・
鶴田敦子 編著
大月書店
2018年

50のQ＆Aで、性教育をめぐる現在をわかりやすくまとめており、性教育の理論と実践の全体像がわかる入門書となっています。

浅井春夫著『子どもの未来図』（自治体研究社、2020年）は、①子どもたちをめぐるリアルはいっそう深刻になりつつあるという全体像を、虐待、貧困、社会的養護問題、コロナ危機などを通してつかもうとしています。②SDGsの貧困へのとりくみの課題、子育て支援サービスの問題点とジェンダー平等の課題などについて問題提起し、③子どもへの誠実な関心があるのか、無関心なのかは、未来図を描くうえで、決定的な分かれ道になっていることがわかる内容です。

子どもの未来図
——子ども期の危機と貧困化に抗する政策的課題
浅井春夫著
自治体研究社
2020年

性教育実践者にとって学びの環境は、その気になればいわば学び放題という状況にあります。本は買ってすぐに読めなくても〝積読《つんどく》〟ということでも意味はあります。あえていえば背表紙を見ていることで自らの問題意識を手放さないことも重要な意味があるといえます。性教育をすすめる自分づくりには、独習は必要不可欠なとりくみであり、実践に歩みだす出発点であり、骨格と血肉であるのです。

⑥授業実践の内容と、生活指導などのほかの教育実践の内容や自らの暮らしの現実との矛盾に気づくことも、学びの当事者として自己変革をすすめていく課題です

問題はそうした矛盾に気づこうとするかどうかであり、その矛盾に誠実に向かいあおうとしているのかが性教育実践者に問われているのです。

お互いがそれぞれの足で現場に立ち、だれのために、何をするのかを性教育をすすめる自分づくりのために考え続けていきましょう。この時代の分岐点の中でまっとうな人間的な怒りを持ち続け、希望を抱き続けていきたいものです。

おわりに——いまこそ性教育政策の転換のとき

国のあり方を変えようと思う決意が問われている

性教育をめぐる世界の流れは、「国際セクシュアリティ教育ガイダンス」の普及と実践の発展によって国際的なスタンダード（標準）となってきました。残念ながら日本には、子ども・青年の現実や時代と世界の動向からかけ離れた政策を、頑なに学校現場にちからで押しつけてきた歴史があり、一貫して性教育に後ろ向きの姿勢を変えることがない国といわざるをえません。

しかし子ども・青年の状況を考えますと、事実誤認の「寝た子を起こす」論を背景にした性教育実践の抑制や制限は、これ以上あってはならないことです。セクシュアリティの分野で遅れをとっている日本ではありますが、後発の強みを最大限に生かすことを考えたいと思います。フィンランドの経験を踏まえれば、国が変わるには、30年で可能なこともあるのです。あきらめる余裕があれば、変えるための努力を続けていきたいものです。

日本の性教育政策の変革すべき課題

第一は、繰り返し述べきましたが、学習指導要領におけるいわゆる〝はどめ規定〟の撤廃が必要です。そもそも何のためにこうした規定が導入されたのか、経緯が不明のうえ、確たる説明もされていません。「ガイダンス」の基本的な内容から見ても、〝はどめ規定〟は弊害でしかありません。あらためて削除を求めるものです。

第二に、性教育プログラムの構成・組み立てに関して、性教育のテーマ（月経、射精、受精、避妊、中絶、性暴力など）を文部科学省・教育委員会が全国一律の内容で配列する「テーマ主義」に依拠した方法を改め、「課題主義」を基本にした内容を具体化していくべきです。学校・地域さらに学年・クラスによって、優先すべき課題を柔軟に設定することも政策の基本的あり方といえます。

第三として、「寝た子を起こす」論をベースにした性教育観の克服が求められています。国際的な諸調査からいえることは、包括的性教育を学ぶことで、性行動の活発化を促進したり、問題行動を誘発することはありません。虚構から導き出される性教育抑制論を明確に克服しなければなりません。

第四として、学校現場の子どもたちの実際と学びの要求、子どもたちに学んでほしい保護者の要望、さらに子どもの性教育の授業内容への意見や希望などを大切にして、教員および教員集団が授業を編成していく現場の権利を尊重していくことが重要です。

当面の優先すべき課題として、これらの四点をあげておくことにします。

日本の子どもたちの幸福度は38か国中20位

ユニセフ・イノチェンティ研究所が2020年9月3日に公表した「レポートカード16　子どもたちに影響する世界――先進国の子どもの幸福度を形成するものは何か（Worlds of Influence: Understanding What Shapes Child Well-being in Rich Countries）」（https://www.unicef-irc.org/child-well-being-report-card-16）は、新型コロナウイルス感染症の発生前の調査データを用いて、①精神的健康、②身体的健康、③学力・社会的スキルなどに関して、38か国の比較調査をした報告書です。

これらの指標によれば、順位の高い国は、オランダ、デンマーク、ノルウェーなどとなっています。日本は「身体的健康」は1位ですが、「スキル」が27位、「精神的幸福度」は37位でワースト2位となっています。「スキル」について補足的に説明しておきますと、新しい友だちをつくるという社会的スキルに最も自信を持っていない子どもたちが多いのがチリ、日本、アイスランドという国々であることが報告されています。こうした現状は、国連子どもの権利委員会の「日本政府第4・5回統合報告審査に関する最終所見」にあるように、過剰な競争世界にいること、子ども期の貧困化が具体的に進行していることの表れといえます。意見表明権、社会参加・集団への参加のあり方が問われています。

こうした課題に対して、包括的性教育ではどういう関わり方ができるのかを、真摯に探究していきたいと思っています。包括的性教育が日本に根づいていくために、本書がいささかでもお役に立てることがあれば望外の幸せです。これからも信念に基づいて努力を続けていきたいと思っています。時代は、世界でも日本でも、包括的性教育の出番であることはまちがいありません。悔いのない研究運動をこれからも大いに続けていく決意です。
末筆になって恐縮ですが、大月書店編集部の森幸子さんには本当にお世話になりました。これまでもいくつもの出版を森さんに担当していただきましたが、今回も細かな配慮と笑顔の励ましで勇気をもらいながら出版することができました。記して感謝を申し上げます。

浅井　春夫

２０２０年９月５日

初出一覧

第1章　「国際セクシュアリティ教育実践ガイダンスの紹介と考察」『保健の科学』第58巻第6号（2016年6月）、「国際セクシュアリティ教育ガイダンス（改訂版）の全体像——改訂版の意義、目的、特徴、活用方法を考える」『季刊セクシュアリティ』94号（2020年1月）
補足資料①　「国際性教育実践ガイダンス（指針）と日本の性教育の歩むべき道」『季刊セクシュアリティ』65号（2014年4月号）
第2章　書き下ろし
第3章　「〝青少年の性〟はどう捉えられてきたか——戦後日本の性教育政策と国際的スタンダード」『青少年問題』第66巻第676号秋季号（2019年10月）
第4章　「乳幼児からの性教育⑴——『人生はじめ』だからこそ偏見のない性の学びを」『保育情報』523号（2020年6月）、「乳幼児からの性教育⑵——自己変革と知的チャレンジを」『保育情報』524号（2020年7月）
補足資料②　書き下ろし
第5章　「わが国の性教育政策の分岐点と包括的性教育の展望——学習指導要領の問題点と国際スタンダードからの逸脱」立教大学コミュニティ福祉学会『まなびあい』第11号（2018年10月）
第6章　「『性教育の手引』は誰のために何のためにあるのか——都教委の『手引』の問題点の解明と性教育実践の展望をひらく」『季刊セクシュアリティ』92号（2019年7月）
第7章　「性教育をすすめるとき、すすむとき、そして立ち止まるとき——ゆたかで多様な実践の可能性」『季刊セクシュアリティ』86号（2018年4月）

著者
浅井春夫（あさい・はるお）
1951年京都府生まれ。日本福祉大学大学院（社会福祉学専攻）修了。東京の児童養護施設で12年間、児童指導員として勤務したのち、白梅学園短期大学、立教大学コミュニティ福祉学部の教員となる。現在、立教大学名誉教授、一般社団法人“人間と性”教育研究協議会代表幹事、同「乳幼児の性と性教育サークル」運営委員、『季刊SEXUALITY』編集委員、日本民間教育研究団体連絡会世話人。主な著書に『乳幼児期の性教育ハンドブック』（共編著、かもがわ出版、2021年）、『子どものための児童相談所』（編著、自治体研究社、2021年）、シリーズ『人間と性の絵本』第2巻『からだってステキ！』（2021年）第1巻『わたしってどんな人？』（以上大月書店、2022年）、訳書に『改訂版 国際セクシュアリティ教育ガイダンス』（共訳、明石書店、2020年／初版、2017年）など、多数。

装画・挿絵　梅デ研＝梅村昇史
装丁　宮川和夫事務所
DTP　編集工房一生社

包括的性教育《ほうかつてきせいきょういく》
——人権《じんけん》、性《せい》の多様性《たようせい》、ジェンダー平等《びょうどう》を柱《はしら》に

2020年10月15日　第１刷発行　　定価はカバーに
2024年３月５日　第３刷発行　　表示してあります

著者　浅井春夫
発行者　中川　進

〒113-0033　東京都文京区本郷2-27-16
発行所　株式会社　大月書店　　印刷　太平印刷社
製本　中永製本
電話（代表）03-3813-4651　FAX 03-3813-4656　振替00130-7-16387
http://www.otsukishoten.co.jp/

ISBN978-4-272-41258-7　C0037　Printed in Japan